MATAR AL HOMBRE
(PARA MATAR AL PADRE)

ciudadelalibros

Paseo de la Castellana 210 - 28046 MADRID (España)
Telf. (34) 91 350 77 20 - (34) 91 350 77 39
www.ciudadela.es
info@ciudadela.es

Diseño de cubierta: Equipo editorial
ISBN: 978-84-15436-79-9
Depósito Legal: M-2.831-2025
Impresión: Gohegraf, S.L.
Printed in Spain - Impreso en España

Manuel Mañero

MATAR AL HOMBRE
(PARA MATAR AL PADRE)

ciudadela libros

«Quien no tiene padre
debería procurarse uno».

Nietzsche

ÍNDICE

Bloque II
MATAR AL PADRE

Bloque III
MATAR A LA FAMILIA

ERES PADRE Y SOBRE ESTA PIEDRA EDIFICARÉ

Para el filósofo Josef Pieper, el amor es decirle a alguien: «¡Qué bueno que existas»!». La idea es preciosa y entiendo la antropología y la metafísica que conlleva, pero yo, que estuve y estoy enamorado, nunca me he sorprendido pensándola al contemplar o al conversar con mi amada, ya fuese mi novia, cuando lo era, ya sea mi mujer, cuando lo es. Pienso otras cosas. Sin embargo, leyendo algunos libros, sí que me he oído suspirar: «¡Qué bueno que se haya escrito!». Con este, de una forma especial.

Manuel Mañero nos ofrece un ensayo muy difícil, ambicioso, valiente y necesario. Es un acierto tanto en su idea original, como en su desarrollo y en sus conclusiones. Para conseguirlo, triangula entre la observación atenta de la calidoscópica actualidad, una bibliografía (y cinematografía) pluridisciplinares y un intrépido compromiso personal. Él sabe bien dónde se mete y, como parece advertirnos el plural que pone por delante, sabe también dónde nos mete: «Pisaremos ese jardín y saldremos, como es debido, empantanados hasta las rodillas». Quien avisa no es traidor, y se le agradece. Tampoco quiero no avisar desde el principio: el resultado, pantano aparte, será nuestro agradecimiento.

Este libro detecta la línea de flotación de la civilización occidental, nada menos. Lo hace con un método deductivo que Carl Smichtt habría aplaudido. Se pregunta en qué punto concentra el enemigo toda su potencia de fuego. Esa es la línea.

Mañero comprueba que la figura del padre es la más cuestionada desde las ideologías dominantes, desde los productos culturales, desde la educación oficial y desde la misma legislación democrática. La exhaustiva enumeración de las asechanzas a la figura paterna produce pasmo. Algunas amenazas no las veíamos venir y otras las vemos tanto que ya las hemos confundido con el paisaje. Repasarlas una tras otra y conectarlas por el hilo de lógica o mecha que las une resulta muy esclarecedor. Si no sabemos dónde estamos, jamás sabremos dónde tenemos muchas posibilidades de terminar.

«Hemos desprovisto, poco a poco, al padre de su misión heroica» —constata el autor—, que enumera los campos perdidos: «el lenguaje, las clínicas de reproducción asistida, los ordenamientos jurídicos diseñados bajo órdenes supranacionales para complacer políticas androfóbicas, el aborto libre…». Y sigue: «Hasta la misma tecnología, si se quiere, que desplazó, por ejemplo, a los trabajadores de las fábricas; pero también cierta literatura alérgica a la épica, el derrotismo, la introspección maquiavélica del sistema social psicótico, su sobrecarga, la glorificación de la miseria, el conformismo, la infame resiliencia que hoy se enfatiza como una virtud de supervivencia», etc. Otro mérito de Mañero es que nos hace ver el vertiginoso círculo vicioso en cuyo vórtice vivimos. A veces se ataca al padre directamente como modo de acabar con el hombre. Otras, se ataca al hombre para acabar con el padre. Se trata de echar a rodar el aspa del círculo vicioso.

«Acabar con el padre —se advierte— es una tarea en la que participan muchas más fuerzas que las obvias». También confluyen circunstancias objetivas o históricas que coadyuvan a la minusvaloración del padre, esto es, del hombre y viceversa. Como Mañero no hace trampas al solitario, confiesa estas causas involuntarias, pero colaboradoras. Por ejemplo, el hecho de que la fuerza física ya no sea necesaria para procurar el alimento en este mundo tecnificado y compartimentalizado. O la progresiva desindustrialización, que empuja a la inutilidad a grandes masas de trabajadores. O el simple avance de la técnica, que imposibilita, con los cambios acelerados, que los padres tengan ningún oficio que enseñar a sus hijos. Muchas veces son los hijos los que tienen que enseñarnos a manejar los gadgets tecnológicos o las páginas webs. La inversión de lo que había sido lo natural a lo largo de la historia de la humanidad es absoluta.

Ya que hablamos de este signo de los tiempos, ¿no cabría preguntar a Manuel Mañero si, aunque tiene razón en el panorama que describe, no estamos ante una enésima evolución cultural inexorable? Su respuesta es la segunda gran aportación de este libro: no. Como gusta de explicarnos el filósofo Higinio Marín, la humanidad del hombre no está en nosotros como la tigreidad está en el tigre. No nacemos ya hombres (ni mujeres) hechos y derechos. Hay todo un proceso educativo, cultural, civilizatorio que culmina (en parte, porque nunca culmina del todo) en el adulto responsable y formado. Mañero subraya que la paternidad, esa potencialidad profunda del varón, es un estadio evolutivo esencial, que le liga a un proyecto común llamado familia y que le inviste con la nobleza de las obligaciones trascendentes. Se nos recuerda que «Zoja, que es abierta y orgullosamente junguiano, va mucho más allá cuando deja escrito que la paternidad "implica un destello de reflexión y un principio de civilización"».

La línea argumentativa de este libro avanza, pues, sin tropiezos. Nos expone con toda su crudeza los múltiples ataques a la paternidad, a la vez que se nos indica lo que esa paternidad tan combatida sostiene. Sin el anhelo o la vocación de ser padre, el varón cae en un movimiento regresivo hacia la irresponsabilidad, el sexo fácil y la inmadurez. El resultado pone en tenguerengue los cimientos mismos de nuestra civilización. Al hombre se le había dicho: «Eres padre y, sobre esta piedra, edificamos la familia, que construye Occidente». Si se pulveriza la piedra, se construye sobre arena.

El libro no hace melindres ni ambages. Nos muestra la gravedad antropológica y política de la situación. Nos insta a preguntarnos por las motivaciones de tantos ataques a la figura paterna. Ya hemos hablado de que, en algunos casos, estamos ante circunstancias coyunturales, como la obsolescencia de los viejos oficios o el desarraigo del campo. En otros, impera un consenso social y anónimo que imprime un giro androfóbico a los fenómenos sociales. Hemos de citar al siempre bien pensado Chesterton y advertir a los que se dejan llevar por los aires de la época que «no saben lo que hacen porque no saben lo que deshacen». Gracias a este libro, quien tenga un mínimo interés lo sabrá con una claridad meridiana, que hasta hiere los ojos. De propina adquirimos la sospecha muy fundada de que bastantes de los personajes disolventes también saben lo que deshacen.

Como el padre no surge por generación espontánea, sino por generar esponsalmente con la mujer, las nuevas circunstancias y leyes que dificultan la relación entre sexos alejan al hombre de su papel decisivo de padre. Mañero denuncia que «los representantes legales del pueblo, cincelados a golpe de cinismo y teatralización, estén dictando el ars amatoria posmoderno». Qué bien (d)escrito: «cinismo y teatralización» Y no lo hacen de una manera neutral: criminalizan los ritos de seducción, con lo que el proceso de encantamiento, que, a fin de cuentas, es el amor, se pone bajo sospecha de ser una violencia heteropatriarcal camuflada. La caballerosidad queda en tela de juicio y la cortesía se proscribe a efectos prácticos. Con ello se apuesta por una sexualidad que no deja de ser, en el mejor de los casos, una nueva disciplina deportiva «desprovista de significado y de nula responsabilidad compartida». La cuestión no es una moda inane o inofensiva: el sexo, sin el rito del cortejo y sin el espíritu del amor, deviene pornografía vergonzante y, en última instancia, violencia, más o menos simbólica. El mejor antídoto contra el machismo no era atacar la virilidad, sino sublimarla en la caballerosidad.

Si a la trivialización del sexo sumamos el rechazo del papel del hombre dentro de la familia, como cuando se celebra que, para formar una familia, ya no hace falta un padre, estamos condenando a los varones o a disimular su virilidad para ser admitidos en la familia en forma de madre vicaria o, por el contrario, a afirmar su hombría a cambio de vivir fuera de la familia, entregados a sus instintos más básicos y aleatorios. Es un camino que, aunque se bifurca, lleva siempre a la tinderización de la sociedad. Mañero no se autocensura al extraer las consecuencias: en este estado de cosas, «la nueva carne y el nuevo sexo, la suma de identidades —y la carrera hacia la indefinición— solo anticipa una víctima propiciatoria, y esa es la civilización».

La angustia generada, en todo caso, es transversal. Tuve la fortuna de que la editorial Renacimiento me encargase en 2017 una antología sobre el tema del padre en la poesía en español. Titulé el libro *Tu sangre en mis venas* y descubrí, con asombro, cómo la cuestión era cada vez más y más acuciante, hasta convertirse obsesiva en los poetas de las últimas generaciones. Estamos sometidos a lo que Manuel Mañero llama una «hipertensión psicológica», porque la ausencia o la evasión del padre genera todo tipo de conflictos en los hijos, expósitos prácticos. Las consecuencias a medio y largo plazo deberían hacer saltar las alarmas sociales. La poesía contemporánea ha funcionado como un sensor sísmico, pero este libro nos invita a atender ya las sacudidas y a prevenir los derrumbes.

La alarma no puede pulsarse con más exactitud y valentía. *Matar al hombre (para matar al padre)* nos sitúa en medio de donde estábamos, pero sabiéndolo. Si el asedio es multidisciplinar, la defensa de la paternidad no podrá dejar ni un flanco desatendido, porque se abriría una brecha en la muralla. Importa que sea compacta, para que la mentalidad contraria no pueda cogernos por la espalda. Si el aborto no solo borra una vida, sino que anula al padre, que no tiene nada que decir en el proceso, hay dos razones muy poderosas para combatirlo. Aunque la segunda causa sea menos fatídica, tampoco puede olvidarse. El aborto conlleva también una sistemática negación legalizada de la paternidad. De igual modo, urge restablecer la más elemental igualdad jurídica por razón de sexo, en todas las leyes y reglamentos.

Si los problemas están concatenados, todas las soluciones contribuyen a invertir el sentido del giro del círculo vicioso. El catedrático Francisco José Contreras ha insistido mucho en que, para enfrentarse a la crisis demográfica que amenaza con asolar Occidente, es imprescindible adoptar, junto a las ayudas materiales, medidas culturales. Empezando por la recuperación de la figura paterna. Cuesta querer ser padre si conlleva adquirir el estatus de ciudadano de segunda clase. Matar al hombre contribuirá poderosamente a este objetivo urgente y primordial de recuperación. Mañero no condesciende a argumentos fáciles y elusivos o a justificaciones victimistas, y llama a sus lectores a ejercer la responsabilidad personal. Rechaza «malgastar haciendo scroll en Tik Tok o Instagram los años de mayor propensión a la búsqueda de sentido». Eso nos sumiría «en la más abyecta de las intrascendencias». No podemos ser «una especie que quizá se está tomando demasiado en serio el *carpe diem*».

El libro hace una llamada a la acción porque el mismo libro es una acción que responde al desafío de nuestro tiempo. El análisis cultural y sociológico concluye con una urgencia de responsabilidad propia. Mañero no está solo. Que el podcast conocido como Club Dalroy, muy comprometido en la defensa de la paternidad y la masculinidad, disfrute de un éxito creciente, que el libro *Feria* de Ana Iris Simón concluyese con el vivo deseo de la autora de tener un hijo, o que José María Contreras escribiese *Niños apocalípticos* o que Jaime García-Máiquez termine un poema proclamando su firme propósito de tener «hijos para el fin del mundo» son indicadores de que hay una generación para la que la paternidad se ha convertido en un baluarte civilizatorio del que no va a desertar por más asediado que se encuentre. Con *Matar al hombre*, Manuel Mañero les ofrece abundante munición intelectual y un plano de las posiciones del enemigo. Este libro facilitará que muchos hijos y muchas esposas se vuelvan hacia al hombre y le digan: «¡Qué bueno que existas, papá!».

ENRIQUE GARCÍA-MÁIQUEZ
de la Real Academia Hispano Americana

Bloque I
MATAR AL HOMBRE

«Amar es decidirse por un
cierto tipo de humanidad».
Ortega y Gasset

Capítulo 1
DE CAZADOR A CAZADO

Machete al machote

Hay que reconocerle al feminismo radical cierta sonoridad en algunas de sus proclamas que, indudablemente, ha contribuido a su difusión y recepción en el árbol genealógico de la dislocación actual que acarrean las relaciones sociales vigentes entre hombres y mujeres.

Tanto da el contenido: como eslogan publicitario, o en su versión abreviada y según se conoce en el argot publicitario, como *tagline*, este es uno de los más potentes a todos los niveles. Su origen es incierto, aunque por lo áspero y musical —o pueril— puede anticiparse una conexión directa con un español deslavazado que, quién sabe si voluntariamente o no, podría haber dado con la aliteración definitiva. Veamos por qué.

En primer lugar, y aunque tampoco aparece estudiado al detalle, intuimos por su raíz (v. *májaira*) que el propio término *machete* ya representa una alusión obvia a la arcaica función masculina violenta de caza primero y conquista y lucha después, etimología de precisión inexcusable que nos traslada a la Grecia clásica. Existen referencias a la *májaira* en textos desde Aristóteles a Jenofonte, y su descendencia sitúa en el resto de usos a este cuchillo ancestral directamente emparentado con el machete actual. Un arma que en los últimos años, quién nos lo iba a decir, vemos relacionada en prensa con sucesos hiperviolentos cuya naturaleza asumimos, en una mueca híbrida de histeria y culpa, como consecuencia de la multiculturalidad.

No sabemos si quien acuñó el lema estaba al tanto de todo esto, pero ha logrado visibilizar un relato de apoyo histórico nada desdeñable, pues retrotrae la acción andrófoba a los orígenes en los que algunos ensayistas y estudiosos de la función masculina contemporánea sitúan el declive de la actual representación paterno-filial. No en vano, y es algo a lo que aludimos con frecuencia en estas páginas, se tiene a los griegos —Ulises mediante y por exceso de reivindicación— como precursores de lo que hoy en la gran política se quiere denunciar como imperio patriarcal. El machete es, pues, un símbolo de invasión y destrucción, y por su naturaleza (cuchillo *de golpe*, es decir, arma útil sobre todo por su empleabilidad, resistencia y eficacia), un recurso avanzado en la teoría de lo crudo e inmediato.

Ahora bien: lo del *machote* es otra historia. Y en la imaginativa elección de este vocablo, pasto de un estudio todavía menos profundo, vibra un juego de espejos tragicómico. Tal y como creemos conocerlo, la figura del machote ha variado con el paso de los siglos, y resulta complejo examinar qué representa hoy, aunque por abstracción intelectual podamos hacernos una idea.

En teoría, y siempre cediendo a su raigambre autoparódica un generosísimo voto de sensatez, el machote evocaría todo lo desdeñable en la naturaleza del hombre: no tendría sentido, de lo contrario, confrontarle con un arma blanca cuya primera función es cortar y trocear. Más allá del conflicto que plantea sugerir una batalla abierta sangrienta —y volvemos a reivindicar el uso que el machete adquirió para los romanos, que ascendieron esta herramienta de desbrozamiento y trato de forraje a útil de defensa y ataque casi quirúrgico— contra el macho, el lema invita a la eliminación de todo lo que creemos que está mal en la construcción social del hombre contemporáneo. A este se le afean la insensibilidad, el brutalismo y la dejación en funciones al cuidado de su hogar, *su castillo*, su prole y la causa primera de todo esto: la conservación de la trascendencia a través de la descendencia, la cual procura fundamentalmente la mujer, ahora sorprendente rival.

Tal vez haya llegado el momento de ponernos graves: si el hombre responsable —lo que supone interpretar como tal al encargado de administrar la violencia, descargando de esa responsabilidad letal a las mujeres y niños, admirados como presente y futuro de la civilización— se traduce despectivamente como *machote*, y hay quien plantea una batallita poética en consecuencia contra esta función primaria de progreso, civilización y ordenamiento, no es difícil colegir que el uso abierto de dicha proclama fuerza, en primera instancia, una reacción alérgica a la propia existencia. Nada más ni nada menos.

Si rebajamos el tono y decidimos, como parece que es menester, no tomarnos nada de esto en serio, sobre todo estaremos desproveyendo a los y las retóricos y retóricas de esta interjección de uno de sus lemas favoritos, volteándolo contra ellos y ellas y recordándoles que el mundo se ha construido, pese a quien le pese, a golpe de machete, pero también de machote.

Como no podemos calibrar, porque nadie se ha tomado la molestia de fundamentarlo, qué es hoy un *machote*, partimos de esa concepción variable de que el machote es una suerte de hidra de cabezas intercambiables que para el feminismo radical y sus líquidas fuerzas aliadas une puntos tan alejados entre sí como lecturas existen del *manifiesto futurista* de Filippo Tommaso Marinetti, quien reducía el feminismo a una de tantas «cobardías oportunistas y utilitaristas». Precursor del fascismo que deslumbró a Mussolini, cuya fuerza motora —la violencia reaccionaria— diseccionó un siglo después Byung-Chul Han en su impactante topología, Marinetti emerge como una sorprendente inspiración, otra vez contradictoria —o quizá no tanto— en lo que respecta a la lucha del mundo posmoderno contra la resignificación del *paterfamilias*.

Igual que hemos salido de Grecia para situar el origen del machete, podríamos echar una rápida mirada a ese cinismo malencarado que estudió Carlos García Gual en *La secta del perro* y que nos presentaba a los filósofos, Diógenes al frente, proclives a esa sátira epicúrea —luego semilla de lo que hoy intergeneraciones validan por nihilismo— para visibilizar, por qué no, al machote. Diógenes, agente del desorden y la retorcida provocación, podría haber sido el primer machote. García Gual le rescata un exabrupto a un joven afeminado al que desafió: «¿No te avergüenzas de tomar sobre ti mismo una decisión peor a la de la naturaleza? Porque ella te hizo hombre, mientras tú te fuerzas a ser mujer».

Sin embargo, a Diógenes no se le tiene en la Historia —menos aún en la obra de García Gual— por una bestia, sino por casi todo lo contrario: un filósofo tan autoconsciente que ya era capaz de elegir qué postura incívica le convenía. Así cuestionaría esa pleitesía clásica al *aidós*, esto es, al «sentido moral» y la «vergüenza», como expresividad magra de revolución más allá de la concienzuda introspección del *zoon politikón* —el hombre cívico, *natural*, cuya genealogía tanto escandaliza hoy y que ya es puramente contracultural.

Más que el primer *machote*, Diógenes es perfectamente homologable al primer feminista radical. Algunos hasta le pondrían el sobrenombre de *terf* (a saber: feminista radical trans-excluyente).

Al fin y al cabo, hablamos de reacciones contra lo lineal, fracturas intensas de respuesta que, ya lo vemos, no tienen nada de nuevo, y que bien tenidas pueden abrirnos el paso de un debate sin fondo sobre dónde empieza —en realidad, en su propia acepción— la decadencia de la masculinidad a través de esa reivindicación forzosa de su obligación paterna. Ahí implicita, sin ir más lejos, cómo en los textos de Hesíodo planteaban esa dicotomía entre animales y bestias situándolos únicamente en los márgenes de las leyes para dar título al libro y presentarnos esa secta del perro, desorganizando el concepto moderno que manejamos del mejor amigo del hombre, para enfatizar su naturaleza doméstica tan pletórica como ambigua.

Enfrentarle y acabar con el *machote* es, en la medida en que no se precisa ni se argumenta su origen, objetivo ni consecuencias, una reacción *bestial* al orden: ergo una expresión manifiesta de bestialismo.

En esta misma línea, tampoco debe de ser casualidad, como fruto de este alumbramiento, que el padre moderno —o el hombre corresponsable de las tareas del hogar, algo en realidad tan antiguo como la Prehistoria— tenga un término exclusivo en italiano que lo describe de forma sutilmente desdeñosa: *mammo*. Por cerrar esta aproximación, que la transfiguración del concepto urbano de machote haya evolucionado de *cuidador* —lo hemos inferido de la raíz que comparte con machete— a salvaje por domesticar, tiene más que ver con el desconocimiento o apropiación de la pulsión violenta que con la verdadera *lucha* que hombres y mujeres libran entre sí —y contra sí— en las calles.

Pasaría por irónico, de no ser porque roza más lo dramático, que justo en el momento en el que los machetes han tomado violentamente los titulares, no queden demasiados machotes dispuestos a sublevarse y ayudar a neutralizar la barbarie que representan.

1.1. Entre el mamut y el teletrabajo

Sabemos que el macho es, desde sus orígenes, un proveedor natural. La función moderna de padre, menos exigente en muchos sentidos pero retante en tantos otros, es novísima y ha sido adquirida y rediseñada a fuerza de ciencia social. Como la zoología es un campo de difícil discusión, especialmente entre neófitos, y sobre todo porque abarca siglos de estudio y engranaje a los que sencillamente se han ido incorporando nuevas conclusiones, el escepticismo político ha tomado las riendas del debate. Esto pervierte, para el estudioso contemporáneo, todo detenimiento en la definición, a menudo cercenada, del hombre. Por eso nos interesa elevar su categoría a lo que ya hemos nombrado como hombre responsable, término nuclear en el que Luigi Zoja envuelve su «paradoja del padre».

El hombre responsable lo es en primer lugar por mandato biológico: suya es la tarea de proteger, servir y procurar la paz, a menudo a través de la guerra *(si vis pacem, para bellum)*. Es indisoluble la evolución del macho de cazador (del latín: el que captura) a procurador, y esto recorre un apasionante crisol de representaciones culturales hasta nuestros días, en los que es básicamente lo mismo, solo que ahora reducido, despreciado y humillado por su motivación esencial.

Aun como una insignificante mota en la inmensidad de la Historia narrada —y tantas veces mal comparada— del ser humano, la alusión a la época actual conserva no pocos puntos en común con cualquiera de los orígenes demostrados de la función masculina, integrada luego en las formidables responsabilidades del hombre. De la simpleza que anticipamos, recordando al macho cazador, inferimos hoy esa destreza cuasiquijotesca que ha situado al hombre en el centro de la discusión sobre el reparto de las tareas del hogar o su lugar, sensiblemente *domesticado* (del latín: relativo a la casa), junto a la mujer que reclama esa oportunidad platónica de abandonar la caverna.

No es que el macho haya replegado sus funciones, pero sí es indudable que esa domesticación ha afectado al rol paterno que le viene dado por su preconfiguración mamífera —homínida, si se prefiere— y que ha ido moldeando a lo largo de miles de años hasta dar, torpemente, con lo que se supone es hoy un padre modélico. Aunque en el fondo es exactamente igual, la imposición de la tarea depositaria parece haber desplazado a la de procurador, al menos en lo técnico: el padre modélico ya no solo aporta un salario (el mamut) —lo cual, durante las revoluciones industriales, pudo condicionar y retraer esa responsabilidad—; ahora también tiene la opción de generar su riqueza sin abandonar el hogar e incluso de pedir el mamut a domicilio. Este reciente paradigma del hombre que no tiene por qué salir a la aventura a jugarse la vida por su prole ha facilitado, entre otras muchas cosas, su mayor longevidad, lo cual cabría juzgar como un adelanto al menos en lo que a pervivencia y legado se refiere, si estrechamos —que no es la intención— la relevancia factual del *legado*.

La exigente asunción de ideales weberianos nos sitúa en esa aburrida trama que tantas voces advierten como punto de partida de la decadencia del padre, que es, sorprendentemente, la forzosa incorporación de la mujer a las tareas nómadas. Estas la desplazaron del núcleo del hogar y su *penus* romano, esto es, la red de confianza que hombres y mujeres, indistintamente, tejían entre las paredes de sus templos, presumiblemente fuera de todo peligro, en el lugar más protegido. Aunque también ellas pueden valerse por sí mismas con una buena conexión wifi y las *apps* de comida rápida —o familia a la carta—, es llamativo que de forma paralela al ascenso de la hembra como procuradora alternativa o complementaria haya ido aparejado un distanciamiento del macho como cazador, hasta el punto de que, como hemos visto en la somera disección del aforismo feminista «machete al machote», parte del plan hembrista pase por hacerse literalmente el harakiri.

El discurso extraoficial proclama que no es suficiente con que el hombre, en su camino hacia la paternidad modélica, se haya moderado dándose normas, convenios, tratos e instituciones (la primera, el matrimonio, «una estupidez única y prolongada», según Nietzsche a través de Zarathustra). Esa domesticación de la que hablamos aplica una energía arrolladora que solo se puede disolver en las evidencias, algunas de ellas más sonoras que la maniquea sobre la naturaleza poligámica del mamífero rey.

1.2. Matrimonio y divorcio, plan sin fisuras

En su inmenso y revelador tratado sobre el suicidio, Émile Durkheim relaciona datos con algunas variantes llamativas, una de los cuales es, precisamente, la cantidad de hombres que se quitaban la vida —lacra que dura hasta nuestros días— a posteriori de una ruptura conyugal. Como hablamos de una obra publicada originalmente a mediados del siglo XIX, sus conclusiones son todavía más impactantes por cómo desarrolla uno de los padres fundadores de la sociología lo que esa concesión del hombre —del macho— a la civilización ha perturbado alguno de sus rasgos esenciales, constituyendo todavía en la actualidad una de las causas más referidas como factor de riesgo en la conducta suicida masculina.

En España, donde hace años que las fuentes estadísticas opacan los datos sobre suicidio, se quitan la vida entre siete y ocho hombres de media al día. Solo el acercamiento paciente a las instituciones y profesionales que lidian a diario con estos perfiles pueden ayudar a extraer algunas conclusiones, aunque siempre incompletas, que puedan orientar el debate. Por ejemplo, que coincida el tramo de edad con mayor tasa de suicidio masculino con el de número de divorcios (entre los 40 y los 59 años), estableciendo una singular diferencia entre hombres y mujeres (15 frente a menos de 5 por cada 100 000 habitantes). Más adelante veremos cómo no es descabellado probar a situar algunas de esas proclamas neofeministas, como «nos matan por ser mujeres», en su reflejo. La ruina económica, habitualmente resultado de los cada vez más frecuentes procesos de divorcio que tienden a favorecer legalmente a la mujer —percibida en el papel legislador como una criatura indefensa a la que sobreproteger, aun a costa de la misma presunción de inocencia—, así como la pérdida de lugar en el mundo —enfrentamiento anómico a la identidad paternofilial—, se indican en la mayoría de procesos que lleva a hombres adultos a plantearse quitarse la vida.

El divorcio es el machete

Durkheim llegó a otras deducciones tales como que, en la búsqueda por afianzar su compromiso con el hogar y vincularse a él de forma legal y sólida, el hombre se había obligado a instaurar la «saludable disciplina» del matrimonio: esto es, la creación *ad hoc* de un mecanismo que lo mantuviera cerca del proyecto, desafiando nada menos que a la biología y ofreciendo una alternativa humana a lo frívolo y volátil que, dicho sea de paso, se relaciona con la conquista e inseminación de cuantas hembras sea posible en búsqueda exclusivamente de perpetuar la especie.

Una vez que la supervivencia de la especie humana parece consolidada y la poligamia se interpreta como un rasgo de vicio y corrupción moral, toca acudir a los acuerdos de conservación. Este locuaz intervencionismo que hemos asumido como opción es, quizá, el paso atrás más firme que ha dado la masculinidad en lo que al desarrollo del rol paterno se refiere respecto a las definiciones clásicas, en las que el náufrago, el guerrero y los *morituri* concurrían con el único propósito de volver a casa —la patria— a reunirse con sus familias.

En la disección absurdamente cínica y provocativa de Durkheim ha lugar una motivación que el autor desarrolla, asegurando que «las perturbaciones del hogar son, en la mayoría de los casos, imputables al hombre». Tal se supone el esfuerzo y el sacrificio que el macho encara para entregar su dedicación, espacio, rigor y pasión a una única mujer —la madre de sus hijos, nada menos— que la ruptura unilateral —¡por parte de ellas!— de este acuerdo desemboca en inseguridad e indefinición, dos disparadores furiosos de la conducta suicida masculina.

Durkheim también habla del matrimonio para la mujer como «una molestia sin grandes ventajas», y es, aparentemente, una verdad muy incómoda. Ni el más inspirado de los relatos feministas posmodernos hablaría en tales términos de ese yugo que aparentemente es hoy la adquisición de un compromiso rubricado ante la autoridad competente de turno, de ahí que sea la mujer la que «recurre al divorcio de buen grado» como garantía de protección ante el abandono. Aunque como ocurre también en otros casos además de este, la sobrerregulación de la vida íntima, tan a menudo relacionada con la negación de la pulsión natural, acabe dando con anomias —véase el propio caso del suicidio masculino, epítome de la pérdida del padre— de impacto inmediato y tristemente irreversible pese a los probados esfuerzos de la ingeniería política y social por presentarse como alternativa.

Todos los trampantojos que el hombre ha ideado para amortiguar, si no justificar, su querencia por la guerra y la violencia, se han acabado volviendo contra él. Hay un aforismo de Goethe que relaciona caza y guerra en sinonimia. No es de extrañar, pues, que a medida que el cazador se ha ido alejando de esa virtud primitiva (luego cincelada en las gestas clásicas, médula espinal del colonialismo), la paternidad idílica se haya ido empequeñeciendo, reduciéndose a los ritos, cada vez más insignificantes, de compromiso. Por eso el enemigo, a quien ya vamos poniendo rostro, sabe a dónde apunta cuando prioriza la destrucción —ellos lo llaman resignificación— de la institución familiar hasta el punto de creer no ya posible, sino deseable, la ausencia del padre, cada vez más fútil y molesto una vez superado el trance de la concepción.

Capítulo 2
EL AMOR Y LA CABALLEROSIDAD TÓXICA

A medida que vamos descubriendo en qué consiste el plan para enfermar el leño que sostiene la familia, iremos incorporando también microvisiones de angosto espectro a lo que refiere el estrangulamiento de los vasos capilares de la acción masculina o *masculinizada*, en primer lugar.

Diríamos que la primera batalla radica en la causa del amor, pero por no embarcarnos en un viaje que acarrearía demasiadas alforjas, quizá sería más útil ceñirnos a lo que tradicionalmente hemos convenido por caballerosidad. Esta, la caballerosidad, es una virtud que la nueva política que ilusionaba a Ortega y Gasset —luego veremos qué ha quedado de su entusiasmo— ha contaminado de ideología hasta el punto de acabar, literalmente, criminalizándola.

Cuando nos acerquemos al estudio y comprensión de esa adulteración del orden natural por la vía de las ciencias sociales aplicadas, identificaremos enseguida el desafío que hoy en día convoca la acción de la seducción de la mujer. Y eso solo en lo que respecta al romanticismo, si se le quiere enfatizar por lo universal: las afiladas y letales consideraciones sobre la pulsión sexual van en otra ventanilla, esto es, en otro capítulo —el siguiente, sin ir más lejos—. Pero ahí tenemos que llegar con esta parte del trabajo *hecha*.

Todas las *argucias* naturales han sido superadas y sobrecargadas de un simbolismo mucho más rico y matizado en lo que respecta a los procesos incorporados en el ser humano: a nadie en su sano juicio —una apelación muy optimista hoy día— se le ocurriría sojuzgar cómo el macho de la especie animal de turno ejecuta impecable su danza de atracción para suscitar el interés de una hembra fértil a la que incorporar a su plan incuestionable de acción y perdurabilidad. Pero, por la razón que sea, sí hemos considerado que el ser humano ha de limitarse a unos comportamientos mecánicos y pautados que no trasciendan los límites subjetivísimos de una nueva moral, ampliada por las errabundas representaciones de lo que implica en la actualidad un acto puro de atracción, atención y, dado el caso, sana y feliz ejecución.

Jean Baudrillard anticipó sin tapujos lo que aquí nos interesa como lógica del amor —y la seducción— en su obra magna, en la que relaciona el poder con la estrategia y la animalidad como polos. De hecho, en lugar de deshumanizar la acción del hombre, humaniza la acción animal de una manera elocuente, que además nos va a servir para dotar de un contexto, novedoso por extraordinario, a esa criminalización de la caballerosidad de la que antes dábamos cuenta.

Baudrillard asume que «el alarde seductor aparece grabado en el instinto», y reivindica su pureza asumiendo que tal predisposición aparece todavía alejada de la estrategia, siempre partiendo de la discutible idea de que la estrategia suponga un vicio a combatir. Para ambientarlo y no escandalizar más de la cuenta, Baudrillard se esfuerza en vincular más la seducción a la ritualización, que es donde ensancha la manga por la que el humanismo ha filtrado, desarrollado e hipertrofiado la musculatura del amor fragante. Aludo a la hipertrofia recordando el texto en el que Rabindranath Tagore lamentaba, ya incorporando el pecado a la fórmula, la codiciosa exageración de *las cosas* —incluye el amor— a las que hacemos parecer grandes y de las que nos secuestra, fuera de esa contención deseable y virtuosa, la pretendida racionalidad como imagen deformada de la espiritualidad.

Lo cierto es que estas ideas, ahora razonablemente polémicas, en las que se recrearon Baudrillard o Tagore, no son ni mucho menos extrañas a otras conclusiones similares del mencionado Ortega en sus *Estudios sobre el amor*. Ortega desprende un frankfurtismo noventayochista ciertamente revelador en su mirada a la seducción, que de nuevo nos situará en el centro del debate sobre el rol, ahora también pecaminoso, que el hombre que busca perpetuarse —y tener una familia a la que volver de su *Odisea*— ejerce en la búsqueda de compañera con la que elevar su condición y dotarse a sí mismo de un sentido más allá del estricto inseminador.

Advertía Zoja que la paternidad es un hecho psicológico y cultural, y su magnífica revisión de los clásicos en *El gesto de Héctor* concluye que el hombre fuera del matrimonio «sufre por la falta de hijos». Zoja, que es abierta y orgullosamente junguiano, va mucho más allá cuando deja escrito que la paternidad «implica un destello de reflexión y un principio de civilización», pero todavía más importante, respecto del amor, es esa conclusión que extrae de la expositiva alusión a la Grecia clásica que anticipa que «la reunión con la familia no constituye un impulso satisfecho, sino privación y proyecto». En ambas, privación y proyecto, damos otra vez con la idea del macho elevado, una evolución que reivindica su presencia en el mundo como garante de un orden piramidal ascendente: con razón, para quienes aspiran a que el mundo sea de otra forma, generando así nuevos espacios de poder concéntrico y relaciones de codependencia ciudadana, la complejidad del macho es un tabú al que aproximarse por la espalda con fantasías a cual más indigna y salvaje.

Aunque el desbordante talento y la exigente obra de todos estos autores concita la tentación de encadenar citas y referencias que prácticamente hablarían por sí solas —para lo cual ya existen infinitos repositorios en las floridas catacumbas digitales—, el fundamento del padre se sostiene básicamente en el amor al hijo, aunque para indagar definitivamente en esa relación, también hay que detenerse en cómo las olas hembristas batallan hoy contra la seducción exclusivamente heterosexual. Baudrillard, claro, no atisba otra opción. Lo mismo Ortega, que reivindica la síntesis contra la fábula platónica de coexistencia. José Luis Molinuevo, en el prólogo de la edición consultada de sus estudios, recuerda al personaje de don Juan, figura eminente de ese romanticismo denostado, como un «héroe del esfuerzo inútil» pero también como «una figura de altísima moralidad». Supondremos que una es consecuencia de la otra y que ese «esfuerzo inútil» por respetar sobremanera la razón de la seducción civilizada —ritual— representa aquí un idealismo contenido. No por nada, Albert Camus sintonizaba esta misma frecuencia.

Todos dan por sentado que el fin seductor, ergo amoroso, del hombre es la recreación de la familia, acaso de la paternidad, sintetizando las dos fuerzas (uno y su otredad) en un proyecto vital a través del cual se allana la conquista del mundo. Queda un tanto mayestático, pero es así: Ortega reivindica de esa manera la salvación de las cosas y de nosotros en ellas. Además, tal y como describe el amor («un grado superior de atención»), no cabe duda de que ha glosado con sinceridad lo que describe como un imperativo de excelencia, «un movimiento de fidelidad a sí mismo y a las cosas», que Molinuevo relaciona con estos versos de Percy B. Shelley: «Tú eres mi mejor yo».

Tagore se revolvería en su tumba ante la irreflexiva exageración del afecto, pero probablemente Byung-Chul Han asentiría con gravedad, reprimiendo una autocita en *La ago-*

nía del Eros, sobre la cruel complejidad que la asunción y recreación del amor a toda costa implica a la hora de reconocer la maravillosa renuncia, paradójicamente individualista, que el hombre afronta cuando las energías periféricas lo mueven hacia el enamoramiento, que desvinculamos del enajenamiento y de la grave ruptura totémica respecto a su relación con sus hijos, principio activador de la preservación del hogar en los límites civilizatorios.

De nuevo, y devolviendo el cetro a Zoja, resolveremos más pronto que tarde cuán peligrosa se ha vuelto contra sí mismo esta acción amorosa y perfeccionista del hombre, ahora que hemos otorgado a los políticos ese poder violento, refrendado en las urnas, de educarnos en seducir, amar y ser padres hoy: que los representantes legales del pueblo, cincelados a golpe de cinismo y teatralización, estén dictando el *ars amatoria* posmoderno, nos orienta hacia las luces neón de la autodestrucción.

2.1. El parricidio freudiano

En su inspiradora novela *Matar al padre*, Amélie Nothomb rubrica un homenaje de cien páginas a Sigmund Freud en el que narra la difícil, y a ratos controvertida, relación de un joven con sus padres adoptivos. Para ello se sirve, vamos a pensar que conscientemente, de un cosmos mágico en el que florece una historia de pupilaje *a priori* muy llana que, sin embargo, camufla no pocas pistas sobre el tratamiento del amor, tan cercano al materialismo, que los autores ya mencionados entendían a través de la cosificación.

Esta cosificación del amor sortea dos de las versiones más perversas, tirantes y atemporales alrededor de las cuales se ha trenzado históricamente la lucha de alusiones: uno, la incondicionalidad, una estafa piramidal que da de bruces con el utilitarismo demostrado. La incondicionalidad del amor, según el surco burocrático de la fe y el dogma religioso, afecta en lo trascendental y por tanto nos sumerge en ese magma del que pretendemos huir para no zaherir sensibilidades sobrenaturales —y, dicho sea de paso, por alargar e intentar hacer *real* la confrontación de ideas—. Tampoco nos interesa la despiadada versión científica del amor como resultado de un envenenamiento químico, como rezongaba Frédéric Beigbeder, cuyos estertores se apagan definitivamente a los tres años después de un crisol de crisis de identidad y altibajos hormonales. Esta rebaja del amor a un conjunto de experiencias anómicas es oro para los programadores de *apps* de citas, pero su fealdad es más consecuencia que causa, razón por la que de momento la excluiremos de la conversación sobre seducción y compromiso. Al fin y al cabo, son cláusulas prescindibles en este supuesto, en el que la ciencia manda y ordena y los dizque racionales que seres humanos acatan encogiéndose de hombros y entregados al plan de desprestigiarse.

Es mucho más interesante, creo, la visión mixta del amor, al hijo y a la mujer, según la valoración orteguiana de posesión ascética. Primero, porque nos va a valer para reconocer, en primera o tercera persona, la falibilidad masculina en su aceptación como un estado —más que un sentimiento— de seguimiento y compromiso de conservación; y segundo, porque asumida esa elección, nos devolverá con garantías al campo de batalla en el que los padres se han de sentir desprotegidos cuando deciden, activamente, amar.

Volviendo a Nothomb y sentadas las bases, tenido el amor por un bien material que puede *poseerse*, administrarse y reciclarse, es más fácil entender que su fundamento condicional también evoque las aristas más afiladas de la desafección paternofilial. Nothomb nos habla de un crío, Joe, presuntamente desvalido, al que en realidad le encomiendan una misión desde el principio de la novela: matar al padre despojándole pacientemente de lo poco que creía *suyo*.

Este menoscabo de la figura paterna accidental empieza por el tiempo y la atención: Norman, el padre adoptivo, es un reputado mago que ha dejado algunas puertas por cerrar en su vida pasada. El advenimiento sorpresa de Joe, quien, por cierto, es el hijo repudiado de una adicta incapaz de sospechar quién es su padre biológico de entre sus numerosas parejas sexuales, le conmina a recrear por imperativo moral ese rol de cuidador y depositario de un *ethos*, un legado, un aprendizaje, del que el chico definitivamente carece. Primero, Norman ha de inventar rutinas hasta entonces inexistentes y forjar una relación vertical para responder a las necesidades básicas de Joe: el sacrificio esencial es el del propio espacio y tiempo para resolver una llamada tan entrometida como desafiante. En *El padre de tus hijos*, Daniel Gascón cita a Steven Pinker y su particular visión del paradigma del perdedor evolutivo, encarnado en el hombre que cría al hijo que no es suyo. Todos van a darse un nada contenido apretón de manos al final de esta lección.

El trato entre Norman y Joe se hace complejo a medida que el niño crece y su sexualidad florece en torno a su madre adoptiva, Christina, con la que entabla una indisimulada relación edípica. Norman, que ya ha integrado el rol de padre —si se prefiere, de mentor o de figura masculina de referencia—, logra hasta cierto punto domesticar sus celos, codificándolos a través de la condescendencia. Y no es hasta que —sorpresa— Joe finalmente conquista, ya siendo adolescente y a las puertas de su madurez sexual, a su madre adoptiva, cuando el mundo de Norman empieza realmente a desmoronarse y se cuestiona qué tipo de hijo ha modelado, qué adulto ha servido a la sociedad. Además, para entonces, Norman ya ha enseñado a Joe todos los trucos de magia —lo que incluye su reverso: las trampas—, esto es, todo lo que necesita saber, y algo más, para que este abandone el hogar convertido en un hombre. En otras palabras, su mascarada vocación de padre le ha propiciado ser víctima de un fraude de usurpación. Joe ha parasitado el amor de su padre —adoptivo, insisto: no es un matiz menor y ahora veremos por qué— durante años para, en el momento adecuado, asestarle el golpe definitivo y reutilizar su legado, esto es, sus propias enseñanzas, contra él.

El giro irónico llega a través de la explicación, muy básica, de cómo llega Joe a Norman: a través de otro hombre empecinado en arruinar y destruir al mago, encargo que el chico acata porque es al estafador, y no al estafado, al que ha elegido como referencia y guía espiritual previamente. Algo que, lógicamente, Norman desconoce y ni siquiera sospecha.

Hacia el final, justo antes de voltear las cartas de su truco, Joe y Norman mantienen una conversación en la que el segundo se reconoce vulnerable en su preocupación vital por Joe y llega a darle las gracias por hacerle partícipe de la experiencia de la paternidad: «Ser tu padre es uno de los mayores regalos que he recibido».

La respuesta de Joe forma, a mi entender, parte de la Historia de la narrativa contemporánea: «Eres tonto del culo».

Me empeñaba en recordar la naturaleza violenta —adoptiva— de Norman como padre para reivindicar que, efectivamente, cualquiera puede tener hijos.

Ser padre es otra cosa

Más allá del evidente y novelesco conflicto edípico, quizá la referencia más importante de Nothomb a Freud tenga más que ver con el recurso del padre adoptivo o artificial como tótem —sustituto del padre biológico—, todavía más clara si nos ceñimos a la narrativa de la horda filial que da muerte al hombre para encumbrar una figura alternativa.

Ese asesinato, por cierto, lo predispone la querencia tribal al simbolismo: aquí el amor cosificado, constreñido a una norma administrativa concreta, es un obstáculo para la madurez entrópica, en tanto que los hijos (los hermanos compinchados; los herederos, si se prefiere) tienen al padre por una figura limitante a la que combatir, anegando su influencia percibida como amenaza en lugar de como fortaleza. Acabar con el padre, ya lo vemos, es una tarea en la que participan muchas fuerzas más allá de las obvias.

Por eso también es razonable que, en la actualidad, al hombre se le amenace recurrentemente con reestablecer su motivación relacional —aquí, la proactividad en el cuidado de la prole— para inhibir su implicación. El amor, todo un negociado horizontal, conlleva la asunción de responsabilidades afectivas que dinamitan la quimera del hedonismo. Por eso hoy día los juzgados están desbordados por procesos en los que se utiliza a los niños como metralla contra los progenitores, habitualmente hombres, con el fin de dar la respuesta esperada a ese desafío en la puerta de las esfinges: ¿a quién quieres más, a papá o a mamá?

También por eso escuchamos a los preadolescentes lamentarse de que sus padres sean «unos pesados», que es la manera que tienen de interpretar el impulso protector de hombres y mujeres hacia su progenie. Alguno crecerá añorando al padre *pesado*. Otros incorporarán en la madurez —y la paternidad— ciertos aprendizajes aparejados a esa insistencia y otros tantos, muchos diría, lanzarán una oración al cielo, fantaseando con una infancia en la que lo peor que pudieran decir de sus padres es que fueron unos pesados.

Así, solo una vez superada esa etapa de autodescubrimiento sin referentes, los hijos hacen partícipes a sus otros adultos a cargo —frecuentemente mujeres— de su necesidad de reconciliación retrospectiva hacia el padre *asesinado*, una vez que, eso sí, ya es demasiado tarde para ocupar esos espacios de autoridad defenestrada y la administración del amor ha sido resuelta, a menudo de manera incompleta o errónea, por personas que no eligieron amar.

2.2. Don Juan frente a la Ley del Sí es Sí

Si seguimos recorriendo a la inversa el camino de la admiración por el padre —o por un padre—, acabaremos alcanzando otro de esos huesos en los que históricamente el hombre ha dado de bruces contra su leyenda: la seducción.

Ya anticipamos que la seducción es un arte de atracción que consiste, nada menos, que en procurarse la atención de las hembras proclives a la reproducción. La seducción implica rito e implica elección, aunque su motivación es, de nuevo, biológica. El hombre ha depurado y aclimatado ese rito a sus épocas, siendo la actual una especialmente problemática y arquetípica en la medida en que el ordenamiento legislativo ha comprometido ciertos impulsos, figurándose un mandato civilizatorio que aparece muy alejado de las aproximaciones antropológicas básicas.

En España llevamos tiempo escuchando que ciertas políticas neofeministas han luchado por poner «el consentimiento en el centro» respecto de las relaciones íntimas entre hombres y mujeres, sin ser esto cierto en absoluto y arrojando al tablero un desencuentro importante a todos los niveles, pero fundamentalmente a nivel de criminalización de los ritos de seducción. La simple idea de someter lo espontáneo a causas que trascienden la morfología del sentido común ya es de por sí una aventura: pero pretender que el hombre y la mujer renuncien como por arte de magia —peor: por orden judicial— al proceso de encantamiento supone, definitivamente, una astracanada conceptual de naturaleza violenta.

Como es difícil luchar contra lo obvio, habrá que bajar a los orígenes de la discusión para encontrar alguna causa estricta de asunción de normalidad. Sorprendentemente, ideas peregrinas como esta de regular las relaciones íntimas o acotar los límites de la seducción tienen no pocos adeptos hoy no ya entre el manso pueblo, sino también, hete aquí una deliciosa paradoja que examinaremos después, en los resquicios más cínicos de la alta cultura, tan preocupada por las causas perdidas ajenas a su propia normatividad.

En octubre de 2022, la siempre proactiva y pizpireta España alumbró una ley orgánica (LO) a la que dotó del pomposo sobrenombre de Ley de Garantía Integral de la Libertad Sexual que, entre todas sus trampas preformativas, incluye un tipo penal directamente vinculado al propósito iniciático del seductor: el piropo. El piropo, además, es una licencia que se otorga el caballero —el hidalgo— capaz de expresar su valoración de la belleza, no necesaria o exclusivamente formal, en un fenómeno breve malinterpretado ahora como tóxico por oportunista, incluso invasivo. De hecho, a la propia caballerosidad, selección vinculada a la honorable cortesía, hay quien ha trabajado por reducirla al terreno de un nuevo artefacto, que es el micromachismo, algo así como representaciones conceptuales erróneas de lo que esa caballerosidad obliga y que parten, dicen, de considerar la mujer inferior al hombre: algo a lo que envolver, proteger y *cuidar*.

El magistrado José María Torras Coll desnudó el trasunto del piropo criminal ante esta ley explicando que solo el comentario de índole sexual que humillara, hostigara o intimidara a la víctima encaja ahora en este tipo penal. Hay un matiz: advierte también lo residual de un proceso de enjuiciamiento especialmente sometido a la valoración subjetiva del énfasis y contexto del pretendido halago, además del puro contenido.

En resumen, este germen de ascendencia propagandística no es más que otro laberinto gramatical disuasorio, muy por debajo en categoría de lo que convendríamos una herramienta verdaderamente útil para luchar contra los violentos abusos que afectaran la esfera íntima de la víctima. Pero como estos son los bueyes, es de justicia admitir que el propósito disuasorio podrían llegar a cumplirlo si, como parece el caso, la traducción del galimatías textual llega al pueblo en forma de amenaza.

Discernir entre el amor y el enamoramiento lo hicieron otros antes, pero especiales fueron las observaciones de Ortega y Gasset en sus estudios. Cuando se detiene en el enamoramiento, habla radicalmente de encantamiento —hipnosis—, y de hecho correlaciona ambas actividades. Ortega incorpora conceptos problemáticos, como deseo, impulsividad o posesividad, y se atreve, sin reparos, a desacreditar a Stendhal o Chateaubriand. A estos les contrapone una figura histórica tridimensional, don Juan, que sirve para encadenar el arte de la seducción y cómo ha pasado esta a la Historia contemporánea, pero sobre todo, de qué sirve a los detractores de la familia y la masculinidad tratar de disuadir a los hombres de cortejar a las mujeres, cualesquiera que sean sus herramientas.

Para empezar, el donjuanismo que ha pasado a nuestros días como una condición de mecánica de lo impúdico era tenida, a comienzos del siglo XX y no por pocos pensadores hoy bien situados, una virtud amorosa. Ya vimos que se le ha llamado «figura de altísima moralidad», y que incluso ha inspirado modelos de conducta que reproducen la conquista a través de la repetición, es decir, del coleccionismo.

Muchos, empezando por el propio Ortega, no lo interpretaban así, porque consideraban el ímpetu de don Juan una marca de romanticismo («no es el hombre que hace el amor a las mujeres, sino el hombre a quien las mujeres hacen el amor»), suscitando en la respuesta femenina esa atávica inclinación por lo salvaje e inmaduro que nos llega hasta hoy con un nombre dado, *hibristofilia*. Escarbando otra vez en la raíz encontramos que hibristofilia hace referencia a la *hybris*, en resumidas cuentas, el desprecio por los límites, la marca del tipo de hombre —de macho— a la que la mujer —la hembra— abre su atención sexual para la conquista, pero sobre todo para la perpetuidad de la especie.

Por supuesto, todos estos autores también convienen en validar sus teorías a través de las excepciones.

Tal vez la problemática más densa ascienda de lo que hombre y mujer contemporáneos han incorporado a su dialéctica y ritualización como atracción, y puede que entre la hibristofilia y la Ley del Sí es Sí, como se ha dado a conocer vulgarmente la LO de Garantía Integral de Libertad Sexual, haya menos distancia de la que creemos. Vamos a resolver, por la vía rápida, que la criminalización del piropo, más allá de cercenar la libertad expresiva del hombre, viene a proteger a la mujer de sí misma.

Claro que este es un viaje para el que va a haber que armarse de paciencia. La autocrítica es uno de los músculos más cortos de la inteligencia humana, de ahí la importancia de ejercitarlo con responsabilidad.

Cuando Ortega relaciona enamoramiento e hipnosis, aprovecha para desarrollar un texto sobre cómo afecta a los recuerdos de los enamorados el peso del deseo concedido. Menciona expresamente que «las fantasías eróticas» del hipnotizado —aunque él dice *hipnotizada*, me doy el lujo de enmendarle la plana incluyendo la sensibilidad contemporánea del hombre a esa hipnosis— se condensan «en falsos recuerdos» una vez lograda la conjunción física, un impulso que poco o nada tiene que ver con la solidificación del amor. Hay que recordar humildemente que Ortega no teoriza en vacío y que su estudio del cerebro humano es vasto y milimétrico: no es un *influencer* despechado llorando sus desventuras a cámara. Por el contrario, su exposición de razones en este punto es tibia, madura y certera sobre todo en contraste con las respuestas que a buen seguro provocarían hoy en día en un espacio abierto de debate.

De hecho, Ortega se apoya en los estudios simultáneos del neuropsiquiatra austriaco Paul Schilder, que habla del enamoramiento —la hipnotización— como un «angostamiento del espíritu» y explica cómo el aura del hipnotizador crea en el sujeto hipnotizado una codiciosa y enfermiza necesidad de abrirse al sufrimiento a través de la impía relación del amor con el encuentro sexual. Dicho de otro modo, advierte en jerga técnica que esta ritualización facilita a los *donjuanes* su acceso a las mujeres, sobre todo por la predisposición de estas a ese perfil concreto de hombre, el coleccionista de amantes al que cada una de ellas pretende rescatar de la impía concupiscencia.

Hete aquí una deliciosa paradoja, y es que después de siglos creyendo que era el hombre el designado para salvar a la mujer —una pseudoteoría muy vaga que apoya su genealogía en las leyendas medievales—, se puede acabar revelando que fuera la mujer, y desde el inicio de los tiempos, la que activamente y en poder de la razón fantaseara con devolver al hombre (domesticarlo) al ideal de amante fiel y entregado, con nefastos resultados.

Así, la ritualización del coleccionismo de amantes no supone más esfuerzo que su ordenamiento, fundamental causa (la recurrencia y automatización) que ubicaría a don Juan en un estrado moral *superior*. Por eso también era tan importante, para Ortega y otros, distinguir entre la labor encantadora y el verdadero amor: don Juan solo persiste en la conquista, aunque todas las veces que lo haga crea hacerlo en nombre del amor. Tanto desea, que no ama nada. Así acentúa Ortega que amar es «algo más grave y significativo que entusiasmarse (...), es decidirse por un cierto tipo de humanidad».

Al igual que ya hemos visto que ocurre con la relación paternofilial, la relación del hombre con la mujer durante el proceso de encantamiento está sometida a unas normas muy básicas, entre las que destacaría la de posesión satisfecha, otra vez fuera del debate amoroso. García-Máiquez, en su muy inspiradora *Ejecutoria*, lo deja escrito así: «El amor a la dama purifica al amante y lo ennoblece». Como ocurre con la asunción del rol paterno, también el amor es una elección. Y la elección, ya vemos, radica en el centro de muchas discusiones actuales sobre el poder de las palabras y del compromiso, dos fuerzas inusuales de un mundo a la deriva. Recuperada la raíz del encantamiento y su nobleza, cita a Georges Bataille, quien resumía que la alternativa al rito del cortejo mediante la seducción es, sencillamente, la pornografía.

Tampoco se quedó corto valorando el donjuanismo Albert Camus, quien incluyó su texto dedicado en uno de sus epígrafes sobre *El hombre absurdo* en *El mito de Sísifo*. Nada es casualidad: ni la apelación a lo absurdo ni mucho menos la colección de textos bajo el genérico de Sísifo, a quien Camus convierte poco menos que en un protomártir, aunque fuera condenado por bocazas y chantajista. Camus desnuda a don Juan como ese abnegado seductor que repite el rito procurándose mujeres obcecadas en ser su amante definitiva. Por supuesto, ninguna de ellas lo consigue: pero siguen cayendo en sus trucos, automatizados en franca orientación frívola, por la mera atracción que, como apelaba Schilder, ejerce de forma natural el mediocre en el centro psicosexual femenino.

Condenar el piropo es una ocurrencia que solo puede permitirse un país como España, con baja disposición para batallar sus problemas reales. Pero bien mirado, no es más que condenar la mediocridad de la seducción efectiva, interpelada esta por esos sujetos hipnotizados biológicamente orientados a obstaculizar al hombre su persecución de la nobleza. O como fabulaba Ortega, quizá el propósito femenino tenga más que ver aquí con ejercer de fuerza retardataria frente al afán de trascendencia masculino *ad astra*.

Don Juan podría ser lo que quisiéramos. Pero le funcionaba. Y justo por eso, que tiene más que ver con la propensión femenina al hampón, habría pasado felizmente por encima de los supuestos incriminatorios de la Ley del Solo Sí es Sí.

Es más: probablemente, hoy don Juan se llamaría a sí mismo aliado feminista. Y no pocas valorarían con efusividad su sensibilidad y compromiso.

Capítulo 3
HOMBRE Y SEXUALIDAD: LA EMASCULACIÓN SOCIAL

Si bien el estrangulamiento de las funciones seductoras del hombre podría ser suficiente para perforar su acercamiento a la de por sí desafiante tarea de elegir la paternidad, hay que entender que el bien último —probablemente, el diferencial— de este plan contra el padre se dirige a lo que podríamos llamar las bases, que reposan nada menos que sobre el impulso sexual de procrear.

Para eso, hay que trabajar en dos direcciones: una, incentivar la destrucción de la familia como institución. Esta primera fuerza, sin duda la más importante, empieza por el acceso más básico que corresponde a hombres y mujeres, y que abarca, ya lo hemos visto, del piropo al divorcio. La otra es más lúdica en lo metódico, y en consecuencia también más polémica en lo formal: la apuesta decisiva por la sexualidad como disciplina deportiva, desprovista de significado y de nula responsabilidad compartida.

Para esto nos hemos dado múltiples excusas, la primera de todas, el mero hedonismo, algo tan antiguo como la misma humanidad (v. capítulo 7). También hemos perfeccionado sus herramientas, que van desde el aborto libre (v. capítulo 8) hasta la Ley de Violencia de Género (v. capítulo 9), pasando por el aro de fuego de la cultura de la cancelación. Un rápido vistazo de reojo a todos estos asuntos acabaría en el mismo lugar: la rabiosa, por concienzuda, necesidad de llevar al hombre a un estado de emasculación social, en el cual este se viera cohibido en primer lugar para relacionarse de manera funcional —natural— con las mujeres, condicionando de paso su aproximación seductora —hipnotizadora— y, en último término, logrando reducir artificialmente su deseo mediante la pura coacción legislativa.

Aunque podamos intuir que este último paso requerirá una estructura de opresión y manipulación muy estrictas, lo cierto es que ya hoy recogemos algunos frutos de ese rotor que conecta el deseo con la atención de satisfacer una conexión humana suprasexual. Guiando al hombre en la ritualización de su proceso de hipnotización, estamos dejando abierta la posibilidad de afectar también su sexualidad, que de pronto se revolverá en tabú castigado por la sociedad y una incongruente porción de masa de mujeres adultas que, irónicamente, identifica en la liberación sexual y el mencionado sexo deportivo un argumento de empoderamiento, el tenebroso nombre que le han dado a la esclavitud de elección.

Más problemático será relacionar esa hipervigilancia primero, y menoscabo después, del deseo sexual masculino, con sus capacidades de entregarse a relaciones íntimas que no se puedan utilizar en su contra treinta años después. La fenomenología del movimiento #MeToo, que va camino de cumplir una década en activo aun con sus vaivenes mediáticos, explica de manera un tanto tosca en qué punto del debate sobre sexualidad y afecto nos encontramos. Por eso exige estudio y consideraciones, probablemente incómodas, aparte.

El #MeToo, al fin y al cabo, solo relaciona poder y violencia, entendida esta como la insalubre trascendencia de los límites éticos. Aquí, por suerte, la moral nace ya desatendida porque su acercamiento a la síntesis amorosa no parece el tema central de discusión: pero sí será interesante plantearnos por qué la sexualización de las relaciones de poder surte efecto a ciertas alturas y en esferas muy concretas, mientras sigue pasando delicadamente desapercibida en otras tantas.

Tampoco estaría de más, llegados a este punto, recordar a Foucault cuando habla del poder como forma de dominación consciente (el poder solo se manifiesta entre dos fuerzas que aceptan voluntariamente esa relación de escala jerárquica) y la subjetividad («intencionalidad subjetiva»). En realidad, bastaría con que un agraviado se percibiera dominado por esa fuerza bidireccional de opresión, claro está, posterior a la expresión elegida de poder (lo cual conlleva un ejercicio previo, igualmente consciente, de atención a ese sometimiento). En todo caso, la narrativa relacionada invita a sospechar que cualquiera puede ser Harvey Weinstein si se lo propone... pero sobre todo, si no se lo propone.

De forma paralela, habría que detenerse en el fenómeno opuesto: esto es, en cómo ciertos varones ejercen hoy su abrupta y errática libertad sexual, alentados por una certeza de impunidad muy extraña en las democracias avanzadas. Una vez inhibido ese órgano censor que es el tabú social, grupos de hombres, generalmente jóvenes y particularmente desarraigados, han encontrado en la violencia sexual un estilo de aproximación a la mujer que los insensibles están obsesionados —por cuestiones espinosas que prefieren desatender o ignorar— en relacionar con el auge de las nuevas tecnologías y, en concreto, con un acceso libre a contenidos pornográficos en los que es tendencia denigrar a la mujer.

Hablo, en concreto, de lo que nos hemos centrado en llamar *manadas:* una expresión pura de violencia de hombres desarrapados, alejados del mínimo sujeto de autoridad, que según las estadísticas —y ensayos bastante anteriores a la sobreexposición mediática de estos casos— tienen en común la distancia con los valores esenciales que sabemos debe procurar el influjo de una figura de referencia responsable. Pisaremos ese jardín y saldremos, como es debido, empantanados hasta las rodillas. Pero es decisivo reclamar esa atención sobre este punto concreto del debate, sobre todo porque también hay que glosar y examinar, si hablamos de torpedear la sexualidad masculina y la ascendencia consecuente de la paternidad, las alternativas que hoy en día disfrutan mujeres y hombres homosexuales que se suscriben a la paternidad como quien diseña un personaje de ficción frente a un ordenador, ignorando las ya probadas consecuencias de esta ausencia.

Es común escuchar en ciertos círculos, y resulta una afrenta horrorosa —por parcial, ineficaz y sobre todo falsa— al más elemental de los presupuestos de familia, que el hombre ha dejado de ser necesario para formar una. La lógica más básica anula esta afirmación dado que a día de hoy el hombre sigue siendo el único capacitado para producir espermatozoides. Que el acceso a sus gametos pueda elegirse previo pago frente a un catálogo nada tiene que ver con su trascendencia, y desde luego no resiste la obviedad. De hecho, habría que exorcizar si existe demasiada distancia entre las clínicas de reproducción asistida y los recursos digitales (como las *apps* de citas) de alquiler por horas de *carne* al por menor —esto es, de relaciones íntimas con desconocidos— en ese aspecto, en el que se criba al compañero —al generador de vida— en función de sus complementos o medidas socioculturales objetivables (altura, color de ojos, nivel de renta…).

Luego, claro está, emerge rocoso el gran dilema: si, como sospechamos, cuando se dice que para formar una familia ya no hace falta *un hombre*, lo que realmente están queriendo decir es que no hace falta *un padre*. Algo no solo profundamente cruel para el hijo, que atenta contra su derecho legal, y por supuesto moral, a reclamar uno —ahí está el aforismo de Nietzsche para recordárnoslo—. Esto, casualidad o no, podríamos enfrentarlo (no lo haremos) con las cifras sobre criminalidad, abandono escolar, suicidios y, en fin, todo tipo de efectos nocivos *inmediatos* —no hará falta esperar a la adolescencia— sobre el desarrollo normal de los fascinantes aunque blandos cerebros infantiles.

Insisto en que dejaremos la estadística a un lado porque es aplastante a favor del sentido que nos ocupa dentro de este estudio, y nada de esto seguiría realmente un porqué si solo expusiera la parte que nos agrada y dejáramos de lado qué mueve, *prima facie*, esa tendencia alcista a la negación de la figura del padre. Aunque con criminalizar la cortesía, ridiculizar su iniciativa pulsar amorosa, coaccionar y deprimir su deseo sexual y seguir alumbrando leyes que lo arrinconan y degradan ya parece que tenemos suficiente de esto.

3.1. ¿Por qué ahora?

Esta es la gran pregunta que todo el mundo se hizo cuando entre 2016 y 2019 se sucedieron las gravísimas acusaciones de abusos sexuales —la mayoría de ellas no probadas— contra el magnate cultural Harvey Weinstein, sobre todo a cargo de personalidades que habían trabajado —o quisieron trabajar— para él, y que acabaron dando con sus huesos en la cárcel. Aquella condena concreta fue anulada meses después.

El desencadenante del movimiento #MeToo, luego escandalosamente instrumentalizado, reveló la dimensión pública de la relación directa entre sexo y poder, de sobra estilada en todas las épocas. Precisamente su rigor extemporáneo fue disuelto por un artículo de Cass R. Sunstein, titulado *Unleashed*, que diseccionó en 2017 algunas de las causas por las que el acoso sexual parecía ir ganando espacio de forma aparentemente espontánea en los espacios de expresión, alcanzando notoriedad y convocando, en consecuencia, un efecto llamada extremadamente ruidoso.

Sunstein, un reputadísimo abogado que trabajó de consejero en la administración Obama, lleva más de 40 años publicando textos al respecto de las relaciones de poder, la integración de la mujer en los puestos directivos y la sensibilidad con la que la teoría política estadounidense ha encajado estos cambios. Su texto atribuyó, todavía en los albores de esta iniciativa —ahora alejada de los parámetros de denuncia iniciales, cuya naturaleza probablemente persiguiera una intención distinta a la actual—, el *boom* de las denuncias contra Weinstein a lo que define como una *norm cascade*. Esto no es más que un fenómeno social derivado de la formulación, más o menos accidental, de una problemática de alcance local que logra elevarse gracias a la discusión pública, atendiendo a un principio generador de debate raramente casual, acentuado por impulsores de propaganda y difusión asociados con ese don de la oportunidad que tan buenos rendimientos económicos suele procurar a sus patrocinadores.

Los profesores universitarios canadienses Joseph Heath y Andrew Potter, autores de *Rebelarse vende* y aparentemente en las antípodas ideológicas de Sunstein, lo mencionaban como referencia a la hora de explicar, quince años después de su obra y mientras se acumulaban las acusaciones contra el productor y director, por qué de pronto todo el mundo en la alta cultura (cine, música, televisión) había empezado a recordar al unísono el haber tenido relaciones sexuales inapropiadas con aquellos que podían haberles ayudado a prosperar en sus carreras. Para ellos, como para cualquiera entusiasmado con aprender realmente el mecanismo del mundo, era vital desprender la causalidad.

Este despertar tardío, con el cadáver público de Weinstein humeante, casi siempre llevaba aparejado un hándicap decisivo —la prescripción delictiva—, así como la abierta sensibilidad del mundo a incorporar los testimonios y estudiarlos con el propósito de hacer pedagogía con ellos, en el más optimista de los supuestos, sin necesidad de probarlos. Sunstein comparte en su artículo un caso vivido en primera persona en el lejanísimo año 1980, en el que se cruzó con un profesor universitario acariciando el pelo de una de sus alumnas. Esta, aun visiblemente incomodada por el gesto, negó la asistencia al propio Sunstein —ni siquiera un treintañero por entonces— para, media hora después, aparecer llorando en su despacho pidiéndole ayuda.

Aunque pareciera que no la hay, la distinción entre pedir ayuda media hora o treinta años después sí parece tener cierta importancia en lo que respecta a esa ingeniería social que, como anticipo, tan decisiva está resultando ser en la evolución que nos ocupa, tan normalizada, de emasculación social del hombre. Es probable que entre las razones de Sunstein para desarrollar con el ejemplo del acoso sexual el proceso de *norm cascade* (lo que compararíamos con una tormenta perfecta de decantación de comportamientos asumidos potencialmente inmorales) se encontrara la oportunidad histórica de avergonzar a todos aquellos hombres que abusaron de su posición para granjearse favores, casi siempre de índole sexual, a la vez que advertimos a los hombres del futuro —y algunos del presente— sobre la densa e implacable consecuencia de no moderar su enfermizo apetito primitivo.

Al menos, en teoría

La práctica es, otra vez, tozuda. El hecho de que ni siquiera Weinstein, supervillano del #MeToo aunque absuelto de la inmensa mayoría de acusaciones, parezca estar pagando sus excesos, trivializa de forma grotesca la evolución naíf de este ataque de dignidad ensayado. *A posteriori*, otros personajes de la cultura han disparado contra otros nombres, aunque de nuevo las condenas en firme derivadas sigan representando un índice ridículo en proporción.

Sin embargo, el movimiento #MeToo sí ha logrado algo importante: hacer pivotar alrededor de su desarrollo poco convencional, al servicio del sensacionalismo mediático y las preguntas sin respuesta, una perversión instrumental del terror disuasorio a la problemática sexualidad masculina —algo con lo que han estado de acuerdo personajes como Antonio Gramsci—. En el anterior capítulo ya relacionaba el donjuanismo, la conquista y, en última instancia, el consentimiento íntimo con la hiperregulación de los afectos y el escudriñamiento geométrico legal del amor en su variedad apetente. La ley se ha cuidado mucho de atender supuestos particulares en los casos flagrantes, por lo que siempre cabrá preguntarse, más aún en un Estado de Derecho, qué ha fallado en la protección de las víctimas cuando estas no ven resarcido su daño.

Más difícil es calibrar, claro, las consecuencias a medio plazo sobre esa temida instrumentalización de la acusación en diferido, aunque podríamos tener ya algunas pistas. Por ejemplo, el repunte declarado por profesionales de la sanidad de varones jóvenes que recurren a estimulantes artificiales para afrontar relaciones sexuales completas —si satisfactorias o no es otra cuestión—, consecuencia a la vez de la represión latente de su deseo. Tal y como sabemos por Lamarck que la función ha creado el órgano durante miles de años de evolución, la supresión o malversación de la función podría retraer dicho órgano, hasta casi inutilizarlo.

Aunque no menos grave que esta nueva realidad, que va aliviando su marginalidad, sigue siendo la inclinación del relato hacia la agresión sexual, no como accidente inmoral, sino como probabilidad declarada entre todos los acercamientos íntimos entre hombres y mujeres. Aquí cabría hacerse un par de preguntas: una, por qué los amagos de revelación de casos de #MeToo contra mujeres, algunas de ellas tan públicas y notorias como la multipremiada y reconocida Ellen Degeneres, apenas obtuvieron eco fuera de Estados Unidos; y dos, por qué los casos que implican a figuras relevantes de la cultura declaradamente homosexuales —en España vivimos algunos episodios con productores y directores de cine señalados, algunos nombrados y otros insinuados— son sepultados y extraídos del cauce mediático con rapidez y exquisita precisión contraargumentativa. No fue así, por ejemplo, en el caso del guionista y director Carlos Vermut, que tras las acusaciones de varias chicas jóvenes narrando en prensa traumáticos encuentros sexuales con él, vio afectada su reputación y la difusión de su obra: a día de hoy, con la presunción de inocencia volada por los aires, ninguna de las denuncias ha prosperado más allá del sensacionalismo. De hecho, el propio Vermut anunció, dejando pasar un tiempo prudencial de varios meses, medidas legales contra los difusores de estas historias. Más granado a nivel político fue el caso de Íñigo Errejón, quien presentó su dimisión como diputado y asumió el cese de toda su actividad pública tras enfrascarse, él y su partido, en algunas denuncias que le reprochaban una actitud manifiestamente errática —que él mismo reconocería, no sin antes probar la carta de la terapia y la salud mental como atenuantes—. En todo caso, y al cierre de esta edición, incluso Errejón, reconociendo los hechos, sigue siendo inocente en la medida en que no ha sido condenado por las autoridades competentes.

Cuando hablamos de tormenta perfecta e implicamos a los medios de comunicación y difusión en la atención a los casos más llamativos (como ocurrió con *The New York Times* en la floración del #MeToo), tenemos que asumir el rasgo de oportunismo que a la empresa periodística acompaña ya no solo el dar voz, sino espolear a otros que puedan contar historias similares, mientras el público responde insaciable al amarillismo. Parece obvio que no corren buenos tiempos para depositar en los medios de comunicación de masas demasiada confianza respecto a la defensa acérrima de la verdad que, ya sabemos, dura lo que dura el negocio a su alrededor.

En este sentido, claro está, es inevitable presumir la actividad de estos medios en la configuración de la cultura de la cancelación, estudiada y teorizada en dos obras recentísimas, *La Neo-Inquisición*, de Axel Kaiser y, barriendo para casa, la que sirve al propio nombre *(Cultura de la cancelación)*, de Fernando Bonete. Esa ingeniería social que intuimos y que va aparejada por la vía rápida a la supresión de los instintos del hombre —y su expresión en el mundo— no sería posible sin la participación activa de los grandes grupos mediáticos, sirvientes de un propósito pecuniario tristemente legítimo en su ordenamiento, fagocitando todo espíritu crítico en primer lugar y moldeando, con notable éxito, la opinión pública.

Es justo lo que implicita Sunstein en el artículo mencionado. Advirtiéndonos de cómo funciona la génesis de esas *norm cascades* que de pronto facilitan una causa moral a la mera anecdótica, está de algún modo explicando el truco de un apostador con las cartas marcadas, esperando el momento de calzar su jugada venenosa. Las normas sociales no cambian de un día para otro ni porque sí, de ahí que atendiendo a las cada vez más numerosas quejas —y evidencias demográficas— sea razonable aprender a identificar dónde nos están poniendo hoy día la barrera de lo moralmente aceptable en lo que respecta a la represión de la sexualidad masculina.

Y sobre todo, por qué ese empeño en intentar certificar que la detonación del principio de presunción de inocencia al respecto sea solo un efecto colateral asumible.

3.2. Porno y violación grupal

Hay quien, por motivos de dudosa intencionalidad y similar razón —la negación de la realidad, nada menos—, ha cruzado una línea peligrosa a la hora de relacionar masculinidad con violencia sexual a partir de un fenómeno, el de las violaciones grupales, que es, de nuevo, tan antiguo como el mundo. La controvertida —por vehemente— feminista Camille Paglia (más de medio siglo en la lucha) lo enfrentaba en un artículo publicado en 2014 en el que subraya el simbolismo ritual del crimen sexual y la tipología ventral del acosador sexual, «a menudo un perdedor alienado por sus propios fracasos» motivado por «un reflejo de caza atávico». De paso, menciona una aproximación más exhaustiva en la obra del psiquiatra Richard von Krafft-Ebing, *Psychopathia Sexualis* (1886).

Está, pues, muy lejos de constituir un fenómeno novedoso al que prestar una atención estrictamente ideologizada, que parece ser la causa de su sonada hiperactividad mediática.

De hecho, todavía hoy en algunos países, la violación grupal es un rasgo cultural distintivo, hasta el punto de que se nombra en sus códigos civiles (y hasta penales) internacionalizados bajo el eufemismo de «violaciones correctivas». Como norma, estas violaciones correctivas se aplican contra, por ejemplo, homosexuales o mujeres adúlteras. En su incorporación como recurso represivo, claro está, existe un reconocimiento explícito de su crueldad, a sabiendas, de nuevo mediante el comodín de la etimología, de que la raíz de la palabra *violación* procede directamente del latín *violare*, relativo a la usurpación de naturaleza violenta, esto es, contra voluntad —tanto si está expresada como si no.

También con frecuencia, y esto es lo llamativo, muchos de estos países no solo aportan libremente a sus ciudadanos migrantes al resto del mundo; también pueden integrar, por mencionar un caso significativo, divisiones dentro de la ONU como UNIFEM (Fondo de Desarrollo para las Naciones Unidas de la Mujer). Tanto es así, que en uno de estos países en los que la violación correctiva es hoy una realidad patente, Kenia, radica una de las cuatro oficinas en activo de la ONU fuera de Estados Unidos y sede de la organización en África, fundada en 1996.

Aunque para muchos represente un problema nuevo ligado al libre acceso a las nuevas tecnologías por parte de hombres y mujeres sexualmente inmaduros o moralmente malformados, la violación grupal tiene orígenes imbricados que conviene desbrozar para no llevarse a engaños críticos.

Uno de ellos es, claro está, la ausencia de padre. Pero vayamos por partes.

En primer lugar, conviene destacar de nuevo el rol de los medios de comunicación de masas occidentales como altavoz de los episodios más sonados y sensacionalistas de abusos sexuales en grupo. Su recurrencia en portadas y la sonoridad con que ocupan minutos de debate en radio y televisión es directamente proporcional a la sordidez de los casos reportados. Aunque en la administración de esta alarma social, que distintos grupúsculos ideológicos a un lado y otro intentan aprovechar al máximo para cebar sus consignas de brocha gorda, impera una patente: la ocultación de la nacionalidad de origen de los violadores grupales recurrentes. Como hemos visto al comienzo de este epígrafe, no por casualidad.

La conexión entre la horda filial y el parricidio totémico estudiado por Freud nos desnuda el segundo punto del examen, que implica un reconocimiento más complejo del fenómeno de la violación en grupo y su ordenamiento funcional. La regresión evolutiva —diría involución, aunque esto sería hacer un favor a los bárbaros y reconocerles en el margen civilizado— con que estos varones optan por tomar a la fuerza a las mujeres de culturas o procedencias que consideran inferiores viene descrita ya en la Grecia clásica, como glosa Zoja. Pero también él recuerda que los invasores de Troya no violaban y concebían por diversión, sino adquiriendo en este acto de ocupación un firme propósito de enmienda a la región tomada: es decir, buscaban activamente la actualización de una sociedad considerada mediocre, inoculando en las mujeres conquistadas la simiente del macho victorioso.

Aunque en la distancia podemos intuirlo como lo que sería hoy —una humillación atroz—, aquellas prácticas no parecen emparentadas con las actuales en las que varones sin referente sólido de moralidad se divierten a costa de un sistema que luego los libera y exculpa, destrozando las vidas que tocan a su paso y, por supuesto, sin intención ninguna de responsabilizarse por ello. Así se desplaza el foco: de la potencial problemática por acoger ciudadanos de países donde se viola en grupo para castigar a mujeres adúlteras o reconvertir gais y lesbianas, a deducir que los jóvenes, en general y sin abstracciones, *ven demasiado porno*.

Obviamente, el porno *per se* no puede tomarse como útil de educación sexual independiente, como tampoco, y por razones similares, ninguna de las alternativas que hoy en día se ofrecen a través de la cultura (véanse las tajantes negaciones del romanticismo, el amor o la familia tradicional, la perversión de las apetencias, etc.). La complementariedad de recursos, previa formación híbrida en valores, causas y consecuencias, es un desafío global vivo al que no prestamos la atención debida hasta que alguien —muchas veces, alguien a quien *elegimos*— nos facilita la excusa perfecta para dejar de buscar porqués. Este es un mundo en el que cuestionarse lo público es una ofensa al bienestar, cuando conceptualmente representa justo lo contrario: la duda es el motor del progreso.

Sin pretender rebajar este frenesí de distracción de las causas ancestrales, la reducción entre la primitiva relación sexual del varón de nacionalidad (cultura) ocultada y la violenta usurpación del cuerpo del otro —masculino o femenino— nos da otra pista, demasiado perversa como para obviarla, sobre cómo enfoca hoy la gran política la destrucción del padre. O, mejor dicho, cómo utiliza esta evidencia para implicarse como referente de autoridad.

Probablemente estemos ante una de esas paradojas en la que más claro se ve cómo el *zeitgeist* de esta latitud de siglo intenta reposicionar al lado de las estructuras públicas las responsabilidades que, en la esfera de socialización primaria, representaría la familia nuclear. Incentivar la codependencia del Estado es el punto número uno en la agenda de la destrucción del hombre, en la medida en que se traslada al conjunto de directrices y enseñanzas macropolíticas el rol de jerarca vigilante que correspondería al padre, responsable primero de la manutención, gobierno y corrección del varón.

Ese sí es el verdadero patriarcado que denuncian hoy las marchas hembristas. Y por cierto, en él participan activa y orgullosamente los *lobbies* habitualmente víctimas de las violaciones correctivas.

Bloque II
MATAR AL PADRE

«La mujer hace cuadrarse a los héroes;
y si no hay ninguno, a los imbéciles».

Valentine de Saint-Poin

Capítulo 4
DE GUÍA A ACOMPAÑANTE SILENCIADO

Hace más de 20 años, Baudrillard profetizó en una entrevista en Alemania que las más nefastas guerras posmodernas se librarían en soledad, concretamente contra uno mismo («ya no hay frente ni línea de demarcación»). Lo que Byung-Chul Han interpretó como «una guerra en la que nadie puede ganar», que dirige inevitablemente al colapso (previo infarto) del sistema, se manifiesta hoy como una sucesión de tensiones internas entre la naturaleza bruta del hombre y la adquirida por voluntad propia, que no deja de recordarle su condición —y condicionante— racional, así como la sobrecogedora probabilidad consiguiente de derrota.

La tímida aproximación que hicimos al comienzo sobre su relación con la caza vía Goethe nos precipita a un modelo en el que hay que reconocer la función generativa de la guerra. Tanto si vamos a la raíz latina como a la germánica, comprenderemos fácilmente que la guerra, véase conflicto, es el medio más resolutivo de asentamiento de nuevas realidades, no necesariamente constructivas ni depuradas. Tanto es así, que hombres y mujeres han medido y luchado siempre su corresponsabilidad en ella, como aliados o rivales, desde las amazonas a las sufragistas. De hecho, mucho antes que la fricción, relativamente moderna, de participación femenina en la vida política, fue la reivindicación de la participación femenina en los procesos de aniquilación, destrucción y conquista de territorios, culturas y realidades.

El papel que la mujer desempeñaba pasivamente en los conflictos clásicos —el bien primero que proteger y por el que luchar, en realidad, como garante de vida y perdurabilidad de los pueblos— ha mutado sutilmente hacia fuerza individualizada de acción. Esto quizá quedara inscrito históricamente en aquella campaña de Westinghouse Electric que *canonizó* para siempre la figura de *Rosie the riveter*, (Rosie la remachadora) idealizando un perfil nuevo de mujer capacitada no solo para coadyuvar, sino también para adquirir compromisos eficaces de alta cualificación. Estos serían especialmente útiles durante el proceso tan masculinizado de cohesión del mundo a través de los crudos y sangrientos conflictos bélicos que, de nuevo, lo primero que ponían en peligro era al propio hogar. La patria era, independientemente de su origen nominal, también cosa de ellas. Por eso, hombres y mujeres, en plena era de reparto de roles, y tal como refrendara Thomas Hobbes en *Del ciudadano*, acordaron esos mínimos hoy tan en boga de responsabilidad, gobierno y civilización de los hijos.

En concreto, Hobbes reivindicó el estado de naturaleza como un «estado de guerra» en el que la mujer ostenta el poder sobre su hijo, decidiendo, como hoy se ha asimilado, su oportunidad de decisión sobre si mantenerlo o compartirlo, mencionando a las amazonas, quienes «disponían de los hijos a su voluntad». La semblanza hobbesiana finiquitaba el debate a través, de nuevo, de la práctica asunción de los hijos como inversión, recurriendo al «derecho natural» —importante— a proclamarse dueñas de la descendencia a través del principio latino *mater semper certa est*.

Lo contrario, de nuevo, abocaría a un enfrentamiento —en este caso, entre hombres y mujeres—, que Hobbes descartaba: «No existe una desproporción tal entre las fuerzas naturales del varón y de la hembra, que el varón pudiera dominar a la hembra sin recurrir a la guerra». De una forma muy práctica, asumía ya en el siglo XVII que la naturaleza del hombre era básicamente incompatible con su capacidad de decidir cuidar de sus hijos de otra forma que no fuera jugándose literalmente la vida por ellos. La madre, pues, integraba sus opciones más por imperativo de adaptación, sujeto a la fuerza original y arrogándose un mínimo margen de decisión —manutención o abandono— que todavía entonces quedaba fuera de la jurisdicción del varón.

No hemos cambiado tanto

Las particularidades anodinas del siglo XXI en esa regulación de prioridades y valores, en cambio, sí han suavizado algunas aristas de esta visión. Era inevitable que, con el paso del tiempo y la revisión de sensibilidades, el paso adelante de la mujer no como complemento (una visión cuasimisógina) del hombre en la guerra, sino como igual provocara, por exposición a la otredad, un rediseño en las destrezas masculinizadas del enfrentamiento *cuerpo a cuerpo*. De alguna forma, hemos trasladado la crudeza física de la guerra a la hipertensión psicológica, y es más que probable que en este proceso de reelaboración de la beligerancia haya tenido mucho que ver la ya normalizada participación femenina.

Aunque Susan Pinker probara en *La paradoja sexual* las diferencias decisivas entre hombres y mujeres respecto a sus capacidades innatas intelectuales, afectivas y físicas, estas han sorteado amargamente lo natural. Este título le ha valido una vida de detracción, furibunda crítica y aislamiento intelectual: está descatalogado en España y el precio de los ejemplares de segunda mano supera con creces las tres cifras. El suyo es una suerte de libro maldito contemporáneo para la comunidad ideológica, como todos los que a lo largo de los siglos se han atrevido a jugar fuera del margen de lo efímero. Tanto es así, que Pinker soslaya la energía intelectual del *Manifiesto de la mujer futurista* de Valentine de Saint-Point, en respuesta al nombrado de Marinetti. Este es, a su vez, la réplica preferida por las feministas arcanas que repudiaban el candor y reclamaban la unción viril con la que independizar sus responsabilidades de las designadas por el cuidado del hombre, esto es, del soldado.

Podríamos fingir que es casualidad, y lógicamente estaríamos faltándonos al respeto, que Marinetti, en su manifiesto futurista, hablara de la guerra como «única higiene del mundo» en el mismo párrafo que pide glorificar el «desprecio a la mujer». Hoy en día, esta generalidad un tanto hipervitaminada pasaría por otra astracanada machista, de no ser porque la propia respuesta feminista de Valentine de Saint-Point es, a efectos del neofeminismo, mucho más transgresora. Tendremos la ocasión de comparar estas visiones en detalle, pero valga como anticipo que Saint-Point considera que el futurismo de Marinetti, aun «con todas sus exageraciones», está acertado. Hablamos de una época, 1912, en la que la ilusión belicista era un relámpago que recorría la médula occidental como una descarga de adrenalina romántica, chispeante y autorreferencial.

La convergencia en tiempo y vivacidad del hombre *domesticado* y la mujer a la que se le exige impregnarse en decisiva virilidad también coincide en muchos aspectos con aquella cosmovisión de Nietzsche, «el hombre es ante todo un animal que juzga». Misma baza juega Valentine de Saint-Point, que añoraba el primitivismo, alineada con una idea del mundo —y del amor según los saintsimonianos— en la que hombre y mujer debían servir *juntos*, como individuo. Es decir, no a la vez: sino como mismo *cuerpo*, en la misma dirección. Expresa la simbiosis como fin único, como de algún modo ocurre con la concepción de vida: de ahí, probablemente, su ineludible relación con el concepto, ahora ampliado, de la guerra *higienizadora:* hombres y mujeres empujando hombro con hombro hacia el abismo. Integrándose, como unidad: como tantas veces en el matrimonio para salvar la familia (otro sacrificio en decadencia).

Aunque no lo declaraban en forma, porque estas similitudes solo se admiten con la perspectiva del tiempo, todos ellos, aun dispares, respetaban que el individualismo debía beber primero del respeto al más puro precepto darwiniano. El evolucionismo ha valido igualmente de argumento y excusa a lo largo de los últimos dos siglos, pero hoy en día parece estorbar dentro del frenesí de las políticas igualitarias, que mediocrizan la competitividad y democratizan el vacío. Una perversión de la interrelación humana que adultera el diseño original de hombres y mujeres para confundirlo con el magnánimo *progreso*, la gran solución contra el talento y la genialidad.

Tal vez haya llegado la oportunidad soñada de exigir una verdadera reverencia a los orígenes. O sencillamente sea suficiente con seguir aquello que escribió Allan Percy y que tan atrevido parece hoy, en la era de las grotescas identidades fluidas: «Hay que ser un poco más animal».

4.1. El guerrero de la luz tenue

Dos transformaciones significativas han configurado la evolución del hombre combatiente: una, el enemigo. Y dos, su voluntad. Acostumbrados a luchar entre ellos por causas que concernían al desarrollismo de las ciudades —empezando por la competencia por las mujeres o hembras dispuestas—, los hombres han incorporado al designio natural de lucha una característica extraordinaria, que aplaca la violencia física en virtud —seamos generosos aquí con el virtuosismo— de un reflejo interior defensivo.

En lo político, fundamentalmente, el hombre se ha debido adaptar en los últimos dos siglos a la progresiva incorporación de la mujer a causas paralelas. A su vez, estas —las hembras— han impregnado esta belicosidad de nuevas formas y figuras estratégicas, sugiriendo una guerra del enemigo —el hombre en este caso— por aplastamiento, esto es, por negación en primer lugar y suplantación en el segundo. Va junto a esto de Carl Schmitt: «El enemigo es el cuestionamiento de nosotros como figuras». Y en función del territorio a conquistar, pide distintos posicionamientos. Desde luego, ya no hablamos de páramos físicos, sino de espacios masculinizados atribuidos, que no exclusivos, del hombre, sorprendido aquí por este envite hostil («el enemigo se encuentra en el corazón de la cultura»).

En consecuencia, lo que Byung Chul-Han declara la «dictadura de lo idéntico» (sin que sus flujos organizadores, indiferentes a la biología, se atengan lo más mínimo a la unidad natural) ha desplazado a la guerra y al guerrero, pero no su animosidad y capacidad de resistencia. Hay en la novela de Michel Houellebecq, *Ampliación del campo de batalla*, un breve pero bello y distintivo acercamiento a esta idea, en la contemplación de la inocencia del hombre en ciernes: «Un niño de siete años juega con sus soldaditos en la alfombra del salón:

desde el divorcio, ya no tiene padre. Sin embargo, juega a los soldaditos, y parece que toma esas representaciones del mundo y de la guerra con vivo interés».

Por la cuenta que le trae, habría añadido yo: perdido el padre (a quien Zoja pide buscar hasta la náusea), paulatinamente se perderá también al guerrero.

Dudo que Paulo Coelho pensara en todo esto mientras engarzaba sus enseñanzas orientales (aunque envueltas en crujiente papel regalo de positivismo: ya se sabe, *ordem e progresso*) en su *Manual del guerrero de la luz*, pero la formación que atribuye a su *Ulises* —un niño enviado, probablemente, a la guerra por una mujer, probablemente una madre figurada— representan al hombre taimado, adaptativo, suavizado por la novedosa tensión tropical de un enemigo íntimo.

«Si eres lo suficientemente fuerte, tampoco te avergüences de fingirte débil». Como estrategia, cualquiera diría que este de fingirse débil ante el enemigo es un principio de categoría incierta, pero es interesante porque plantea innumerables interrogantes. El primero de todos, si es una habilidad efectiva a largo plazo o si solo vale como recurso de emergencia: medirse la teatralidad con el enemigo puede conllevar el riesgo de agotamiento de identidad, quizá el punto más conflictivo en el que se encuentra el debate actual entre hombres y mujeres. Toda esa gran ficción de la guerra de sexos lleva décadas alimentando bocas que, en realidad, no tienen tanto que decir, y tal vez ese sea precisamente el problema: que hayamos centralizado como desafío de nuestro tiempo una broma que hemos estirado demasiado.

Como fuera, las consecuencias están aquí, ante nuestros ojos: y planteado el duelo, hay que ofrecer una respuesta, como mínimo, a la altura. Si el rival no es capaz de ubicar verdaderamente su intención, habrá que anticiparse a ella: «Solo de las aventuras aprendemos cosas importantes», escribió Scott Peck, autor de *El camino menos transitado*. La alternativa, la tanatosis, hacerse el muerto, adquirir el compromiso populista de ceder esos *espacios masculinos* sin defenderlos para evitar entre otras cosas *ser cancelado*, no solo revela un magno desprecio por la capacidad de la mujer, sino que contamina la batalla de sucia e indigna condescendencia.

Es importante mantener activa cierta capacidad de sorpresa, aunque la experiencia estreche estos márgenes. Por mucho dinero que los insectos y las bestias hematófagas de la gran política inviertan en abstraer al hombre de su naturaleza beligerante, hasta el mágico y cándido Coelho advierte que el guerrero cohibido no podrá renunciar a su instinto fácilmente: «Un guerrero descansa y ríe: pero está siempre atento». Y más: «No existe nada que lo asuste ni nada que lo retenga».

Para facilitar la tarea de reducción del hombre de guía moral a acompañante aquiescente, ha lugar en las sociedades desarrolladas —las infradesarrolladas no tienen tiempo, recursos ni energías para prestar tanta atención a esto— la fenomenología que Byung Chul-Han cita por Michel Serres. Serres sintetiza el concepto de «basura blanda», el distractor por antonomasia de nuestro tiempo, que se vale de la hipercomunicación en sus aplicaciones viscerales para desactivar, por disuasión, la voluntad del guerrero. Persigue su cansancio. Y lo consigue, con el beneplácito ya denunciado de lo que los pedantes llaman *poderes fácticos*, al servicio del cambio mientras *cambio* siga traduciéndose en *poder*.

Es difícil intuir en qué punto histórico de la *guerra de sexos* nos encontramos, por desclasado que nos parezca ya el término a estas alturas de la conversación. Lo que sí parece claro es que esa rivalidad, política en esencia y, por tanto, de genética antinatural, nunca fue tal en la medida en que la mujer no aspiraba en origen a *ser el hombre*, sino solamente a desafiar sus convicciones, creando oportunidades alternativas con trazas de homeopatía cultural. Desde ese punto de vista, es imprescindible reconocer que lo ha logrado: y en consecuencia, también ha provocado una reacción en serie que ha afectado a su propia configuración única, que es lo que también está hoy en entredicho. Nunca antes en la Historia, seguramente, la maternidad se identificara como un obstáculo, por ejemplo, a la feminidad: no al menos con la absurda convicción con que se hace hoy.

Bajando los brazos en esta lucha, el guerrero cohibido de la luz tenue únicamente ha contribuido por inacción a que la comparsa de *basura blanda* proyectiva haya adquirido una dimensión y un predicamento diabólicos en lo que respecta a la configuración de un mundo en equilibrio. Por suerte, no parece que sea todavía demasiado tarde para, al menos, empezar a reconocerlo en voz alta.

4.2. Los -ismos bastardos

Es curioso que el guerrero elevado de Coelho y el príncipe ejemplar de Maquiavelo compartan una advertencia: deben dejarse aconsejar siempre, pero a voluntad propia y no ajena. La autoridad interna permanece indómita, aunque reconoce la existencia del otro: y es en la dominación y sumisión de ese otro, en la otredad plácida, donde fundamenta su convicción.

Maquiavelo, a quien Jean-Jacques Rousseau apela varias veces en *El contrato social*, escribió el libro de cabecera del totalitarismo moderno. Su tramposo *verbatim* (el fin justifica los medios), manoseado durante al menos los dos últimos siglos para dar carta de naturaleza a los regímenes de sometimiento —que no de gobierno— de los pueblos, es hoy día un mal chiste en presencia de las toscas obras de ingeniería política que laminan las libertades para regular nuevos contratos.

Rousseau todavía respetaba la energía natural de una fuerza popular a la que cedía la oportunidad de elegir a sus represores. Tiene bastante que ver con el epígrafe anterior: unos gobernantes imponen primero la violencia física, lo que les legitima por aplastamiento; a otros les vale con presentar y desarrollar pacientemente la violencia disuasoria, germen de lo que conocemos hoy por populismo. Este se desarrolla ya en todas las direcciones, condicionando los regímenes y estructuras de los Estados hasta un punto de exhibicionismo de autoridad que apenas guarda secretos para el gran público, frecuentemente de acuerdo con la alternancia y esa violencia explosiva —de dentro hacia fuera— del sistema.

En su prólogo del breve tratado de Jonathan Swift, *El arte de la mentira política*, Jean-Jacques Courtine hace cumplido elogio de esta época, en la que los medios de difusión han facilitado «la mentira electrónica, instantánea y global». Tal es así que, por ejemplo, hemos perdido de vista la génesis auténtica de los temibles *-ismos* del siglo XX, a los que llamaremos *-ismos bastardos*, gobiernos técnicamente ilegítimos motivados por la ausencia de padre (y la necesidad de elegir uno) que regule la vida pública.

Lo único que ha cambiado entre Maquiavelo y los totalitarismos *democráticos* actuales, ya homologados por mímesis con el espíritu del tiempo, es que lo que pertenecía al hombre se ha reconfigurado y acepta ahora también la naturaleza de la mujer, incorporada a estos métodos como sensibilidad inmanente fuera de lo dual. Sentadas las bases, las condiciones para alumbrar la dictadura de lo idéntico y fijar la prevalencia de sus autoridades sobre los gobiernos de primera socialización —la familia—, es mucho más sencillo, por permeabilidad, que el acuerdo social que autopsiaba Rousseau acabe en una drástica ostentación de poder desorientado.

Una cosa es que la mujer no quisiera *ser* el hombre, sino suplantarlo en las estructuras; y otra muy distinta, no reconocer en las políticas inclusivas, integradoras e igualitarias un tutelaje masculino implícito. Dicho de otro modo y tal como sugería con la analogía del guerrero de brazos caídos, todo el poder político —tal como traducimos hoy esta idea— que se presenta feminizado no es más que un sobrenombre publicitario aparejado, con notable éxito, al auge totalitario de la posmodernidad. Curiosamente, las lideresas con las que el mundo libre conoció la representatividad política femenina de primer nivel (de Margaret Thatcher a Angela Merkel) no necesitaron autodeclararse feministas para trascender. En su conquista del espacio y el lugar *habitual* de los hombres iba escrita, con notable y evidente holgura, una reivindicación ajustada no a la imposición de nuevas sensibilidades, sino a la asunción de un poder de tutelaje, véase *parental*, inspirado hasta entonces en las férreas figuras de sobria vigilancia, dominio y control.

Como por arte de magia, y casi letra por letra, los valores o virtudes capitales del padre, según Carl Jung.

Esto fue mucho más evidente, qué duda cabe, durante el auge del fascismo. Todas sus variedades actuales, que han difuminado la frontera con los regímenes populistas —que no populares—, no hacen más que validar todos los topos de lo teorizado en el contrato social de Rousseau. Generaciones enteras perdieron a sus referentes en la guerra y, al mirar hacia arriba, solo imploraban orden, virtud, guía. La razón de ser del totalitarismo moderno, una expresión del paternalismo político venida a más. Descubierto esto, dibujamos a los líderes políticos actuales la línea recta hacia la detentación del poder: la eliminación del padre.

Lo único que hemos refinado es el método. Ya no hace falta ir a la guerra para hacer saltar hombres por los aires y desnudar literalmente de referentes las casas en las que niños y niñas crecían tutelados al amparo de un Estado protector y proveedor de supervivencia. La guerra ahora viaja troceada en ministerios, subsecretarías, observatorios; en la neolengua, la cultura de la cancelación, los contratos a dedo, los puestos de libre designación y las políticas igualitarias de discriminación positiva. En todos esos divertidos y pujantes *-ismos* globalistas, donde no solo es fluido el género, sino que se puede negar la antropología en *prime time,* recabando vítores y aplausos, es de donde están desapareciendo *los padres*.

Maquiavelo advertía a su príncipe ejemplar de los riesgos de rodearse de aduladores, pero nada de esto es posible sin ellos. Y es una cuestión de probabilidad sólida, nada exótico, como puede comprobarse: quién en sus cabales iba a sublevarse contra el príncipe, su mecenas, el garante de su pervivencia y bienestar. *Su padre*. Todo lo que ahora nos hemos dado en llamar *ingeniería social* no es más que otra rama de la teoría y estructura política del siglo XXI, y su desprecio a las nociones más básicas viene motivada, sobre todo, por el violento ejercicio de control de las masas, unas veces más sutil que otras, pero teledirigido hacia la eliminación de los obstáculos naturales que pudieran comprometer esa perpetuidad en los puestos de mando.

Con el hombre y la mujer —el padre y la madre— enfrascados en batallas no necesariamente sangrientas de territorialización de roles, la voluntad totalitaria ha encontrado un verdadero filón. Como las reservas de la basura blanda que describió Serres son inagotables —quizá la única fuente de energía verdaderamente renovable—, parece que hoy día latiera, con más fuerza que nunca, la predicción que Zoja recuerda de Mussolini en los años 30: «En diez años, Europa será fascista».

Aunque midiera regular los tiempos, el caudillo sabía de qué iba esto. Pero, para desgracia de los politólogos a sueldo, ni fascismo ni dictadura significan ya lo mismo que entonces. Los totalitarismos ideológicos actuales cumplen con creces el esquema de aquellos modelos socioeconómicos: tutelaje —que no protección—, codependencia, pensamiento único, represión y hambre. Solo el hambre, que hemos sustituido por *miedo al hambre* (cultura de la cancelación) ha mudado su piel.

Entre Maquiavelo y Rousseau, con permiso de Swift o Hannah Arendt, las dudas esenciales sobre totalitarismos parecen despejadas. De hecho, la admirada modernidad ya solo plantea dos. Una: ¿elegir al totalitario en las urnas le puede llegar a legitimar como tal? Parece que esa era la razón original del contrato social. Y dos: ¿podemos llamar *dictadura* —la dictadura de lo idéntico— al modelo con el que la mayoría elige estar de acuerdo, salvo por expresiones puntuales de disidencia controlada, que arrojan una falsa sensación de resistencia escénica en grupúsculos marginales?

No nos llevemos a engaño: hoy las minorías *históricas* con las que despertó el siglo XX ya no *necesitan* sublevarse, pues están cómodamente representadas en la cultura y participan activamente de la vida política. Y las nuevas minorías, estertores de ese proyecto europeísta cohesionador (no el bazar laberíntico que es hoy), son radicalmente silenciadas en el mejor de los casos, reducidas a categorías que desintegran su identidad. Estos grupos, teledirigidos contra las bases del liberalismo, son los cristales que ciegan los ojos del Alfanhuí que cada hombre y mujer *libre* lleva dentro al nacer.

Capítulo 5
EL PARADIGMA DEL *MAMMO*, EL PADRE FEMENINO

Para sobrevivir en este ecosistema hostil, el hombre ha asimilado una regla de combate que cree —porque todavía estamos en ello— que lo salvará, y con ello, salvará lo que queda del padre. Desnaturalizada su sexualidad, expuesta su virilidad como un rasgo acientífico y desprotegido como estereotipo, al macho no le ha quedado otro remedio que adaptarse. No fue suficiente, ya lo hemos visto, con moderar esa heroica entrega a la muerte para proteger y reafirmar su legado. Tampoco, por lo que sea, ha podido sobreponerse a las fuerzas que lo reclamaban fiel, sensible y noble. En última instancia, su sacrificio reorientando su responsabilidad a las funciones arquetípicas del padre industrializado también ha caído en saco roto: la meta aspiracional ya no le reclama como modelo, sino como figurante opcional.

Ridiculizado en esencia, el hombre ha pasado también por encima de las funciones rituales que Zoja citó en tres: bendición, elevación e iniciación del hijo. La alternativa exigía una razón sospechosa: entregar los espacios y rendirse al empuje de la simbiosis. Como este no es un movimiento universal, sino que atañe sobre todo a las sociedades civilizadas, hay quien ha tomado la deducción por las hojas y considera que la flexibilidad del cliché antropológico dirigirá inevitablemente a un mundo mejor. Da igual cuántos siglos hayan pasado entre cadáveres, abandonos, amenazas, catástrofes antinaturales de domesticación y cesiones intelectuales a teorías sociales incompletas o parciales. Hasta que no admitiera su feminización, bailando al son de las trompetas de Jericó de su especificidad, el hombre no encontraría la paz.

Pobre iluso

La Accademia della Crusca, el imperio de la lengua italiana, equivalente a la Real Academia de las Letras españolas, lleva tiempo despejando con acritud el acercamiento que muchos autores y estudiantes curiosos hacen sobre un término concreto, *mammo*. Este vulgarismo ha sido redefinido con cierta sorna hacia los hombres que, ya derrotados, han depuesto sus útiles de combate para resguardarse del frío existencialista en la cálida aceptación de la masa que les pedía corresponsabilizarse de las tareas del hogar. Y con matices también muy estrictos: no es el hombre el que *ayuda* a la mujer en casa, sino el que directamente la sustituye a ojos de los hijos. Como paradoja del olimpo estereotípico es incomparable, porque pretendiendo denegar esencias no hacen más que reafirmarlas. En este caso, claro está, la masa encaja con el concepto orteguiano, fundamento cultural y vórtice insaciable de reglas sin excepción. Tal es así, que la academista Raffaella Setti, en una respuesta en 2022 a un usuario que buscaba un término equivalente en masculino a *casalinga* (ama de casa), emparentaba el uso que se hace de *mammo*, en significante simbólico, a otros términos tan edificantes y constructivos como mamón, puto, prostituto o travesti. Esta toma como referencia el estudio de la profesora universitaria especialista en morfología italiana Anna Thornton en su publicación *Mozione*, incluida en una investigación mayor a cargo de Maria Grossman y Franz Rainer. Conviene aclarar que la Accademia, a diferencia de otras instituciones lingüísticas que *fijan y dan esplendor*, limita su actividad a investigar y constatar los usos vigentes de la lengua, evitando injerencias de oportunidad propagandística: como institución no juzga, solo expone.

En pleno debate sobre la furiosa connotación despectiva que el término *mammo* tiene en italiano —Setti sí lo recoge sin remilgo como discriminatorio y machista—, otra italiana, la escritora Rosa Campi (que lleva años autopublicándose), ha presentado un librito, seguramente muy bienintencionado, titulado *Non sono un mammo: sono un Papà!*, que describe como «una guía indispensable para el padre moderno». Como ocurre siempre en estos casos en los que hay que trabajar con denuedo en asumir lo ofensivo como opción, parece más un texto de autoayuda al hombre que aún se resiste a que lo insulten por querer ejercer de padre que otra cosa. Y voy más allá: además de benzodiacepina para el hombre, también parece querer dirigirse a curar la exigente naturaleza del niño, que no reconoce al hombre en ese rol presentista, dócil y excesivamente sonriente que Ira Levin tan maravillosamente ironizó en los 70 en los rostros de sus esposas de Stepford.

Desde su sinopsis, que se supone debe condensar la entidad del proyecto de cara a potenciales lectores, Rosa Campi no puede evitar hablar de «colaboración» del hombre con la mujer, lo que a todas luces no hace más que refrendar la necesidad de seguir categorizando las tareas en función de sexos —que no de géneros: en esta trampa ahondaremos luego—. Sin embargo, Thornton da una puntada con hilo cuando implica a los hijos en la conceptualización del hombre «amo de casa» como algo que induce al desprecio, un ente extraño, nuevamente antinatural. Otra vez nos encontramos con esa resistencia integral a los nuevos usos que parte de la misma naturaleza de la prole, todavía alejada del constructo y la sobreactuación ideológica. Cuando Hobbes *autorizaba* a la mujer a disponer de los hijos por haberlos parido, estaba siendo bastante más honesto y proclive a la incómoda verdad del mundo que la mayoría de lobistas inclusivistas que hoy juegan a las identidades, difuminando todo lo aprendido como si las evidencias demostradas durante siglos fueran un estorbo para sus quehaceres pseudocientíficos.

Porque lo son

Es algo irónico que, intentando desprestigiar lo consolidado e innegable, haya quien se arrogue la libertad de denunciar esta como la época de la posverdad y la realidad revolucionaria, cuando a menudo son los orgullosos promotores de un reformismo tan absurdo y ridículo que no hace más que celebrar la circularidad de su fracaso. Pero el miedo es más terco aún que la verdad. Lo que Zoja describe en *El gesto de Héctor* como «la huida hacia delante» del padre femenino, *feminizado* si se prefiere, para procurarse un espacio seguro en un tiempo que lo desprecia, no es sino consecuencia de esta desgraciada tendencia a frenar su impacto y limitar su importancia como dique de contención de las tiranías políticas, *ergo* culturales.

Con razón, y a estas alturas podemos reconocerlo aun con los ojos entornados, el desacople entre naturalezas está dando como resultado una paulatina regresión a los orígenes más primitivos, véase en la sexualidad, la madurez intelectual y la prosperidad sociopolítica, de aquellos varones desencantados que, ante la imposibilidad de ejercer como padres y la angustia por tener que disfrazarse de madres para contentar al gran público, optan por cómoda y triste abulia disfuncional, dejando un buen número de hogares huérfanos de autoridad.

5.1. Nosotros, los anormales

En *La rebelión de las masas*, Ortega y Gasset gritaba a las nubes uno de los pretextos favoritos de los defenestrados esencialistas contemporáneos: «Las nuevas generaciones se disponen a tomar el mundo como si fuese un paraíso sin huellas antiguas, sin problemas tradicionales y complejos». Por entonces —estas palabras tienen casi cien años— todavía no se debatía, con la holgura de hoy, si hombre y mujer podían alternar sus identidades según se les ocurriera, de acuerdo con el permisivo —y por eso profundamente problemático— canon en vigor.

Superado el trauma dualista, pertinaces en la homogeneización del pensamiento fluido y la dispersión de identidades, los grupos de pensamiento que ahora trabajan en resituar al hombre y la mujer en las sociedades se basan exactamente en esa idea. Dado que el mundo anterior y su violenta *bi-categorización* solo nos ha llevado a episodios de competitividad y destrucción, cabría plantearse si en la deconstrucción —un eufemismo muy persuasivo para *destrucción*— de las identidades no cabría una alternativa ideal al noble arte de la guerra. Es el equivalente adulto, algo desfasado ya, del *leave them kids alone!* de Pink Floyd.

El problema de perseverar en el reconocimiento de que nada tiene por qué parecer lo que es estriba en que necesitamos normas de autogobierno para *funcionar* como sistema. Las sociedades civilizadas se acogen precisamente a ese rasgo diferenciador —el orden— para discernir la utilidad de los individuos agrupados en conjunto. Y ahí es donde Max Weber, otro padre putativo de la sociología, nos concedió —aunque reconoció en el marxismo una inspiración decisiva— los tipos ideales, la navaja multiusos para operar en lo que reivindicaba como «contexto de significado», esto es, la razón por la que los individuos actúan de una u otra forma, especialmente *en rebaño*. Como Weber individualiza las estructuras y relativiza las colectividades, su trabajo es inmune al extravagante ritmo con el que hoy acogemos sensibilidades e identidades deformes —*literalmente* deformes— en el torrente cultural.

Cuando negamos una identidad, lo que negamos en primer lugar es la entidad. Jean-François Braunstein, profesor universitario en La Sorbona de París, no se deja un charco sin pisar en su ensayo *La filosofía se ha vuelto loca*. Especialmente cáustico es su primer tercio, en el que expone y valora como especialista lo que a grandes rasgos ha exigido el mundo desde su creación: la lógica interna de los sistemas funcionales. Y parte, claro, de la identidad. De los tipos ideales de ascendencia universal.

En su documentada distinción del polémico alzamiento a la conversación popular sobre términos como «rol de género», que es de lo que trata este epígrafe, Braunstein advierte de los riesgos de difuminar las líneas identitarias y rebajarlas del concepto «sexo» al recentísimo concepto «género», cuya raíz cultural es eminentemente política. Advierte: «Una vez rechazada la idea de que la identidad está ligada a un cuerpo, dicha identidad se hace completamente voluble e indeterminada».

La traducción es feroz, pues sin identidad no hay entidad. Por eso, tampoco es menor la discusión sobre la categoría, y por eso hay que prestar especial atención a supuestas anécdotas como que la academia de la lengua italiana reconozca el uso sociocultural del concepto «mammo» a la altura de prostituto o travesti. Estamos de acuerdo en que a nivel de lenguaje vivimos una época agotadora: muchos descubrimientos comunicativos —otra vez la *basura blanda* de Serres— que desafían la verdad del mundo se esconden tras la ironía en el mejor de los casos, la caricatura en el menos malo, y la normatividad en el peor. Por eso, quizá, habría que seguir planteándose si el retorcimiento del lenguaje para hacerlo pasar por inclusivo no está, en realidad, logrando el efecto contrario. Esto también pasa a menudo: forzando una norma no lo suficientemente explícita, imponiéndola a la fuerza en una sociedad que naturalmente la repele por puro mandato conductual, se corre el riesgo de condenarla al desamparo y la comedia.

Braunstein recorre en su libro historias increíbles sobre cómo la sociedad incorporó entre los 70 y 80 las dicotomías entre sexo y género y compró a un puñado breve de teóricos —algunos verdaderamente conflictivos, como John Money— la autoridad de desafiar a la ciencia —¡y la medicina!— para tratar de darse la razón a toda costa. Está claro: una vez negada la realidad, todo cabe. Por tozuda que sea esta: si no la reconoces como fuerza ordenadora, no ha lugar a debate alguno. Nada de esto tendría el más mínimo sentido de lógica interna: el compendio de conocimientos e inteligencias se arracimaría en puestecitos de mercadillo donde uno podría asomarse a curiosear, regatear, apuntar ideas o comprar a precio de saldo cualquier ocurrencia, sin detenerse a pensar en las consecuencias de llevárselas a casa. Por la razón que sea, se me ha venido a la cabeza la secuencia inicial de la magnífica película de Joe Dante, *Gremlins*, en la que, en busca del regalo de Navidad perfecto para su hijo, un padre adquiere en un bazar asiático —bueno: chino— un ser único de naturaleza ultramundana cuya incomprensión y peculiar desatención acaba abriéndose en caóticas y sangrientas (al menos para el canon de la época) aventuras.

Volviendo a Braunstein y el debate que nos ocupa, el profesor menciona a uno de los tótems intergeneracionales del feminismo, Simone de Beauvoir, y su «uno no nace mujer, sino que se convierte en una de ellas». Es fácil reconocer en este tentador lema una causa suprema de discusión, sobre todo cuando la desintegración del padre como entidad va tan estrechamente aparejada a la retracción de las tareas masculinas o virilizadas. En la valoración de la excepción va explícita la norma, aunque normatividad —o normativo— sea otro concepto con el que las élites estén enredando más de la cuenta en las sociedades de inclinación totalitaria. Tanto es así, que muchos subgrupos se reconocen *anormales*, esto es, fuera de la norma. Hace tiempo que no es tabú ser anormal, de hecho, incluso constituye motivo de *orgullo*. Y en parte, así debería ser: la norma, qué duda cabe, no se trata aquí como un útil inmutable, por el contrario. De su revisión deviene la evolución. Es así desde Aristóteles, nada menos. Pero lo que sí es deseable y facilita la labor garantista es cierta rendición flexible a ella, una vez reconocemos viene sugerida por una autoridad legitimada, bien por acción o bien —en el arriesgado supuesto de los extraordinarios gobiernos de continuidad o emergencia— por inacción.

Finalmente, no hay que perder de vista que fragmentar la temida *bi-categorización* de la vida pública exige igualmente un límite, un continente, que, como sospechamos, no corresponderá al individuo trazar. Reducir la voluntad de grupo al número de representantes en cada sensibilidad no sería mucho menos democrático, inclusivo o progresista que exigir la *normatividad* al anormal. Pero si de lo que hablamos es de consecuencias a corto plazo a la hora de negar lo innegable —como que hombre y mujer están dibujados con diferente trazo, independientemente de que puedan hacerse pasar por el otro—, daremos de bruces con algo tan significativo como lo ya expuesto: que un hombre no puede ser *madre*. Primero de todo, y esto es lo más importante, a ojos de sus propios hijos, alejados del constructo y recelosos de lo antinatural por mandato biológico.

Pero ya veremos en el próximo capítulo que la jugada a la inversa también nos ha salido regular a ambos sexos.

5.2. La nueva carne, el nuevo sexo, el nuevo todo

Aunque anteriormente no supe sujetar la referencia a los *Gremlins*, el nombre que sobrevolaba mi cabeza continuamente desnudando las amargas miserias del transformismo ha sido desde el primer momento el del cineasta David Cronenberg.

La filmografía de Cronenberg, especialmente en los años 70 y 80 —cuando, como hemos visto, crece la discusión sobre almas encerradas en cuerpos erróneos—, está repleta de películas que fantasean con los límites de la ciencia, la bioética y, muy especialmente, la identidad humana. Es, sin duda, uno de los directores más reconocibles de la Historia del cine y habría que discutir si no uno de los tres o cuatro grandes de la ciencia ficción. Tal es así, que el enfoque humanístico de su trabajo, fuertemente influenciado por figuras como Isaac Asimov o H. G. Wells, resultó en un fantástico ensayo coordinado por Simon Riches, *The philosophy of David Cronenberg*, en el que varios autores excavan no solo en su genial perspicacia para plantear las preguntas más incómodas en el momento más oportuno, sino también en su método, que ha desafiado —no siempre con suerte— la censura y exasperado a la crítica con frecuencia.

Tomaremos como punto de partida de esta peculiar fase de Cronenberg *Shivers*, película de 1975 traducida al castellano como *Vinieron de dentro de*, cerrando la horquilla de esta fase creativa con *Dead Ringers*, en español *Inseparables* (1988). Entre las referencias encontramos películas en las que hay absolutamente de todo: mujeres que dan a luz mutantes violentos —somatizando su propio dolor—, como en *The Brood* (traducido como *Cromosoma 3*, 1979), dos gemelos ginecólogos que se turnan para seducir y experimentar con una mujer en conflicto con la maternidad (en la mencionada *Dead Ringers*) o, cómo no, la versión moderna de *La Mosca* (1986), en la que el personaje interpretado por Jeff Goldblum se obsesiona intramuros con trascender a cualquier precio, sin importarle en absoluto perder de camino su forma y conciencia humanas.

Incluso en *Videodrome* (1983) y *Scanners* (1981), Cronenberg interpela la rampante hegemonía tecnológica, que enfrenta a la hiperconectividad capacitiva humana incurriendo en desórdenes que borran la frontera de la realidad o pervierten la formidable operatividad de la telequinesis, casi siempre imaginada como un poder indeseable. Ha explotado todos los tabúes imaginables del transhumanismo, salpicando por descontado la imaginación de su hijo Brandon, también director de cine. Este ha rodado distopías sobre individuos sanos que se dejan enfermar para probar síntomas como quien consume psicotrópicos *Antiviral* (2012), o también *Possessor* (2020) e *Infinity Pool* (2023), títulos en los que cuestiona si el aperturismo de la ética médica conducirá, como creen los detractores del esencialismo, a un mundo más heterogéneo y, por tanto, más *justo*.

Los Cronenberg, ya vemos, no son precisamente directores de agenda.

Hay una película concreta de Cronenberg padre, *Rabia* (1977), en la que toca detenerse. Cuenta la historia de una joven —interpretada en su día por Marilyn Chambers, hasta entonces una celebridad del cine para adultos— que sufre un accidente de moto; a resultas de la intervención de cirugía estética a la que se somete, desarrolla en la axila un apéndice de indudable morfología fálica con el que ataca y desangra a sus víctimas, particularmente hombres, para alimentarse de ellos.

No hace falta ser catedrático en estudios posfreudianos para imaginarse de qué va el asunto.

Pero quizá lo más interesante de la carrera de Cronenberg es que todos estos títulos dieron lugar a una nueva corriente que la crítica bautizó como «the new flesh» (la nueva carne), en obvia alusión a esa preclara inclinación del canadiense por la transformación del cuerpo humano en busca de identidades no necesariamente funcionales, pero probables. Los títulos mencionados juguetean con algunos de los conceptos hoy más en boga, como la violencia obstétrica, profetizando un mundo en el que la medicina, más que para diagnosticar o *curar*, sirviera para prolongar y proteger las delirantes alucinaciones espontáneas de quienes no se sienten reconocidos en sus cárceles materiales. O en el mejor de los casos, para acompañarles en su sufrimiento infundido.

La fascinación de Cronenberg por el inframundo de lo alternativo también ha imaginado «the new sex», el nuevo sexo, en películas como *Crash* (1996) o más recientemente *Crimes of the future* (2023), réplica extendida a uno de sus primeros trabajos. Aquí lo que plantea es radicalmente la naturalización de las parafilias —excitación por los accidentes de tráfico o por el menudeo con órganos vitales, respectivamente—, sondeando también el desgobierno de las apetencias, normalizando lo perverso, celebrando lo anormal. Es, pues, un director revolucionario. Claro que todo esto está perfectamente contenido y delimitado en el espacio de la ficción.

Sin embargo, hay gente ahí fuera que realmente piensa que uno puede ser lo que quiera: basta con quererlo o, mejor aún, con sentirlo. Y como hemos comentado en el epígrafe anterior, esta sordera terminal es incompatible con algunos de los aspectos más básicos de la vida pacífica. Como sea: entre la nueva carne y el nuevo sexo, la suma de identidades —y la carrera hacia la indefinición— solo anticipa una víctima propicia, y esa es la civilización. Cuando todo es nuevo, nada lo es: la ansiedad con la que uno espera cambios con cierta recurrencia puede llevar a la desintegración de la experiencia vital, malformando, por ejemplo, la tolerancia a la frustración o contaminando las interacciones humanas salubres.

Como quizá esto quede demasiado rotundo, valga recordar livianamente que algunos de los imperios más importantes de la Historia empezaron a tambalearse cuando desatendieron, como glosa Zoja recordando el ocaso de la Grecia clásica, el principio de defensa de las leyes. Aquí es donde abrochamos esta primera entelequia, volviendo a la primera idea de la sumisa transigencia del padre feminizado por hacerle el baile al darwinismo. El junguiano sentencia: «Frente al enemigo, uno se ve obligado a decidir: ¿es mejor luchar por el honor y arriesgarse a morir o pensar en el futuro, en la continuidad de la familia y el pueblo?».

Todos los *mammos* del mundo tienen —*tenemos*— la respuesta ante nuestros ojos.

Capítulo 6
ANDROFOBIA AUTOIMPUESTA: LA MADRE MASCULINA

Cualquiera que se haya relacionado mínimamente con un niño o una niña sabe cuál representa su primera vulnerabilidad: exigen convicciones a su existencia. Tal simplicidad es una prueba de veracidad del alma, la primera apelación a su autoconsciencia. Como sus inteligencias son todavía finitas y hasta cierto punto candorosas, también los niños conforman un ejército de profetas de la mentira piadosa. Si, como comprobamos desde que existen registros escritos, hombre y mujer persiguen la verdad con errática insistencia, a menudo negándola y otras veces pervirtiéndola, lo natural es que sea el propio hijo el que acabe por construir, con las pistas dispersas a su alrededor, sus propias concepciones del mundo.

Decimos que la paternidad moderna es una elección porque ya hemos comprobado que el macho se autoexigió moderación y compromiso para elevarse y, con ello, poder elevar el mundo. Cargárselo a los hombros. De igual forma, defendemos que el feminismo tiene —como mucho— doscientos años porque es el periodo de tiempo en el que la mujer se ha liberado de la hembra, revisando de paso su deber para con la maternidad —ahora más que nunca, una opción más que una responsabilidad.

Asumir el rol de *paterfamilias* obligó al hombre a asumir riesgos cuyas consecuencias no podía anticipar, entre ellas, el encaje de la derrota, primeramente ante otros hombres. En esa competitividad iba explicitada y reconocida, como hemos recordado en las aproximaciones a los apartados sobre guerra o sexualidad, una inferioridad intraespecial. En resultas, también hubo que abarcar cierto declive. Esto es muy visible aplicado a la paradoja bélica, donde gana el más fuerte o el menos débil. Y en los tumultuosos periodos de posguerra entre la primera y la segunda guerra mundial, comprobamos que todos aquellos hombres vencidos en el campo de batalla que jamás volvieron a sus casas dejaban en los ojos de sus hijos un reguero de vergüenza, orfandad, vacío de referencia y angustia existencialista anticipada, siempre remendado por los útiles de los padres terribles de la política. Son el reflejo de los primeros cazadores que desaparecían lejos de sus cuevas y a los que no se daba sepultura ritual: padres que sencillamente no volvían.

Para lo que el hombre decididamente no estaba preparado era para que fuera la mujer quien se planteara la intención de sustituirle, en lugar de dejar que fueran los vencedores quienes tomaran el control único, sugiriendo no ya su reducción, sino su brusca desaparición.

En la raíz culturalmente asumida del feminismo actual reposa un sano y constructivo mandato hiperviolento. Pasó con las sufragistas, que atravesaron ese aro intensificando sus reivindicaciones, a menudo paralelas a la agitación de otras minorías —como ocurrió en Estados Unidos, recuerda Camille Paglia, con las protestas antisegregacionistas—, desafiando frontalmente el orden y provocando caos, ira, disturbios y detenciones,. Las sufragistas no eran más que mujeres futuristas en acción, tomando las riendas del debate a voces. Paglia lo valida incluso en textos modernos, este de 2014: «En una democracia, un discurso ofensivo debe combatirse con un discurso más potente, no acudiendo a llorar al hombro del Gobierno».

Para significarse como unidad indistinta, la mujer tuvo que alinear su actividad política también ideológicamente.

Esta es, sin duda, la gran trampa en la que ha caído el feminismo que aborrecen Paglia y otras tantas teóricas —y prácticas— feministas de la denominada primera ola: en cómo aceptar la tutela de las administraciones públicas, irónicamente frecuentadas por hombres, ha guionizado su batalla real. Podríamos ser más drásticos aún y reconocer únicamente dos tipos de feminismo: el feminismo de acción y el de palabra. Desgraciadamente, el segundo es el más ruidoso hoy y con frecuencia suele coaccionar los avances naturales del primero, sojuzgándolos, fragmentándolos o arrinconándolos.

El «prejuicio provinciano» que Paglia defiende que el feminismo sufre para con la estética, la belleza y el arte interviene decisivamente en esta relación, pues contra todo pronóstico (léase la ironía), la feminidad, al igual que la masculinidad, viene a menudo marcada de serie en su precofinguración genética. Tanto en la mujer mixta klimtiana, musa arcana de letal sensualidad, como en el arrollador frenesí autónomo de todas las mujeres poderosas de la Historia —de Cleopatra a Giorgia Meloni—; en las *donnas angelicatas*, las irreductibles de Pedro Salinas, las *sharonas*, las *rosies* herederas del imperio del bíceps flexionado de la Remachadora o las azafatas que posan sonrientes en las ferias y congresos. Nunca ninguna de ellas tuvo que proclamarse feminista para prosperar, porque el feminismo no constituye por sí solo una orientación, sino una demostración. Pero al calor del movimiento de segunda ola, fuertemente influenciado por los mecanismos de control político, se ha intervenido esa necesidad. Y de nuevo, por exceso, al igual que ocurre con los padres feminizados, nos hemos dado con una reivindicación de la madre masculinizada cuyas particularidades afectan al conjunto de las familias, su crecimiento y la representatividad en el mundo que antes reposaba en la asunción de lo determinado.

Paglia es un dolor de muelas importante para este feminismo ideologizado de segunda ola. Una verdadera *rara avis* y, por tanto, un personaje muy interesante de leer e interpretar. Asume su papel altanera y orgullosa, como una *bikina* revenida, sin tapujos a la hora de relacionar feminismo y fascismo, negando la politización de la reivindicación de la mujer, insistiendo en la necesidad de violentar a los poderes en lugar de adoptarlos como catapulta ambicionando llegar donde los hombres para *ser* como ellos.

«Es absolutamente nefasto convencer a las mujeres jóvenes de que han sido víctimas y de que su herencia es la victimización», repudiaba ya en un lejano 1991 en el que muchas de las activistas de hoy gateaban sobre cómodos y calentitos suelos radiantes. Más de treinta años después sigue por ahí: «Los verdaderos delitos deben denunciarse a la policía, no en los improvisados y chapuceros comités cívicos de las universidades». Paglia nació harta de la hoy imperante feminidad victimizada: demasiado moderna para las feministas de primera ola, demasiado antigua para las de segunda, es el perfecto eslabón perdido de la reivindicación de la mujer en el mundo actual, un mundo que, según ella misma, «sigue siendo una selva».

Sin embargo, y pese a su fogosidad autodidacta, Paglia es una incólume continuadora de las primeras ideas que sugerimos unas páginas atrás en el *Manifiesto de la mujer futurista,* de Valentine de Saint-Point, que lo mismo reclamaba para la acción feminista un grado imprescindible de virilidad. Algo en ese texto confluye hacia lo que estos referentes mencionados, y sus variaciones en la cultura popular, tanto exaltan a las hembristas: que toman como valor inicial la sonora virilidad del hombre. No quieren reemplazarlo, sino recoger y perfeccionar su *ethos:* «un individuo exclusivamente femenino no es otra cosa que una hembra».

Más de cien años después, la declaración de Saint-Point conserva un arrojo y un tono declaradamente autoritarios que no están, en realidad, tan alejados de la manifestación pública con que el feminismo de segunda ola violenta los espacios políticos. «La mujer es la individualidad entre la muchedumbre; hace cuadrarse a los héroes y, si no hay ninguno, a los imbéciles». Es todavía más inmisericorde anticipando el *shock* en el que para ella incurriría —y no iba desencaminada— la suma de la voluntad feminista al oportunismo político («el feminismo es un error político»).

El manifiesto está, todavía hoy, considerado un texto verdaderamente revolucionario y, por partes, profético. Quizá la más llamativa de estas peroratas tenga que ver con el desafío vital por excelencia de la maternidad: la conciliación. «Imponerle obligaciones a la mujer es hacer que pierda su poder de fecundación: los razonamientos y deducciones feministas no podrán destruir su fatalidad primordial, solo podrán falsificarla, forzándola a manifestarse por caminos errados». Aunque se intuye cierto conservadurismo, la sonoridad de sus proclamas —contemporáneas a la exaltación juvenil de la libertad irreverente, fuera de los márgenes de contención— repele el exceso de orden y reivindica la naturaleza estrepitosa del ser humano.

Es, pues y en esencia, un texto profundamente *feminista* según el faldicorto estándar que tratamos en la medida en que, a pesar de que reconoce al hombre como acompañante, lo hace únicamente en términos de colectividad. Ni reclama su espacio ni mucho menos, más bien al contrario, fantasea con hacerse pasar por ellos. No está interesada en combatirles ni en humillarles —ellos mismos se bastan para ello, en su incansable carrera hacia la autoafirmación—. Rodea la androfobia que el hembrismo se ha autoimpuesto como combustible y se detiene en la responsable asunción de las obligaciones maternofiliales que corresponden —aunque lo matiza constantemente— a la hembra (la mujer) en el reino humano.

Todo esto, que tan razonable suena dentro de un intercambio de energías flexibles, no ha lugar más que a réplicas, muecas, chistes y nuevos desafíos. Lo razonable hace bastante tiempo que quedó muy fuera del negociado político, especialmente en lo relativo a la intervención de las nuevas sensibilidades identitarias, tan golosas y económicamente capacitadas.

6.1. *In loco parentis*

El hombre tiene, claro está, muchos enemigos naturales (el primero de ellos, él mismo: *homo homini lupus est*); pero los enemigos del padre son todos artificiales. Esto es algo literal. Mientras que la inmensa mayoría de asesinatos de hombres son a manos de otros hombres —por no hablar del suicidio; dos de cada tres, y eso que lo intentan menos que las mujeres—, la muerte del padre es un fenómeno que implica procesos habitualmente lentos pero implacables, muchas veces acelerados por su propia inhibición o por la autocensura de su instinto, pero casi siempre consecuencia de las caprichosas marchas de la ciencia política.

La lista de enemigos del padre es larga, y convoca a muchos actores que todos los saberes del hombre han ido recopilando a lo largo de su Historia. Cifrados en los descubrimientos sociológicos, llegan a nuestros días en infinitas presentaciones elásticas: el lenguaje —luego vemos un ejemplo—, las clínicas de reproducción asistida, los ordenamientos jurídicos diseñados bajo órdenes supranacionales para complacer políticas androfóbicas, el aborto libre. Hasta la misma tecnología, si se quiere, que desplazó, por ejemplo, a los trabajadores de las fábricas; pero también cierta literatura alérgica a la épica, el derrotismo, la introspección maquiavélica del sistema social psicótico, su sobrecarga, la glorificación de la miseria, el conformismo, la infame resiliencia que hoy se enfatiza como una virtud de supervivencia. Hemos desprovisto, poco a poco, al padre de su misión heroica.

Marinetti y el futurismo que preambuló el fascismo italiano, las dos grandes guerras mundiales y la hambruna posterior, así como la traducción catastrofista de los conflictos, ahora televisados y negociados *ad infinitum* —e igualmente agotadores—, también usurpan esa esencia. Una prueba solvente de todo esto es cómo, por ejemplo, la alocución *in loco parentis* —en origen, «en el lugar de los padres»— se traduce hoy legalmente como «en el lugar de cualquiera de los progenitores», lo que incluye a la mujer —a la madre— en el formato.

Sin embargo, y pese a sus desmedidos esfuerzos, el feminismo como tal no puede considerarse —ya lo hemos visto y al menos en esencia— un enemigo real del padre o de la paternidad. En la medida en que busca replicar la figura del hombre como guía referente, ambicionando modificarla, ya la reconoce superior: incluso la enfatiza por encima de los propios esfuerzos de los varones. Este es justo el principio motivador de las políticas igualitarias —que no inclusivas— y también de la temida discriminación positiva. Era un deber material del hombre —lo ha sido siempre— estudiar alternativas a esta reivindicación fuera de la política, algo que llegó a funcionar incluso superando los traumas demográficos consecuencia de los últimos periodos de guerras, en los que, como hemos reseñado, también participaba activamente un número razonable de mujeres.

Pero lo que ha acabado dando la puntilla al padre en muchos aspectos ha sido su destronamiento como garantía de solvencia presentista, *travestismos* de rol y *mammos* aparte. Lo soslayamos en capítulos anteriores, y también lo recogió Paglia en uno de sus ensayos reunidos en *Feminismo pasado y presente:* «Las adolescentes deben plantearse en profundidad cuáles son sus objetivos y metas en la vida. Si pretenden compatibilizar la maternidad con una carrera profesional, deben elegir si quieren tener hijos pronto o tarde. Cada decisión tiene sus ventajas, inconvenientes y compensaciones». La progresiva incorporación de la mujer al mercado laboral no la independizó del hombre, sino de la hembra, esto es, de la madre.

En los últimos cincuenta años, la edad media a la que la mujer tiene su primer hijo se ha desplazado entre cinco y siete años en Europa. En países como España ya está establecida en los 33 años y el número de madres primerizas mayores de 40 se ha duplicado en las últimas dos décadas. De nuevo, negar los principios de la biología deja secuelas, algunas irreversibles: por seguir en el caso de nuestro país, la revisión roza la catástrofe demográfica, pues estamos más cerca que nunca —desde que se tienen registros— de consolidar al hijo único como referencia mediana de la natalidad, un absoluto desastre si tenemos en cuenta que algunos estudios cifran por encima del doble la sostenibilidad poblacional a largo plazo. Como es evidente, esto afecta de forma decisiva también a la viabilidad de las naciones *libres*.

Por supuesto, el abandono sistémico del hogar por parte de las mujeres, como en su día ocurría con los varones, tiene un impacto inmediato en la materialización de las familias mal llamadas tradicionales, ahora que tradición se interpreta como algo a combatir (y ahí está, para recordárnoslo, el peyorativo *tradwife* que se utiliza para ridiculizar a las mujeres que sí están dispuestas a poner la maternidad funcional en el centro). La neofeminista francesa Alice Cappelle, que se presenta como videoensayista —eufemismo tecnificado de *youtuber*— y cuyo marco de activismo se reduce a su cámara de eco digital, es un buen botón para pulsar la sensibilidad con que hoy en día se recibe en ese ecosistema a la madre trabajadora: como un obstáculo al *verdadero* feminismo, esto es, al feminismo de *like, share* and *follow*.

En su obra *Colapso feminista*, Cappelle se espanta de que una mujer pueda decidir por sí sola ser madre, pero para camuflar este prejuicio —pecado, seguro, de juventud: pero también del surco que la segunda ola feminista ha trazado en su formación—, lo vincula a las locas teorías conspiranoicas de los extremistas que creen en *el gran reemplazo*, ese tabú innombrable que tanto irrita a la izquierda europea, aparentemente feliz con el descalabro demográfico. Cappelle advierte que el incentivo de la natalidad blanca no es más que un resorte racista, por supuesto, patriarcal. Sostiene que «reducir el feminismo a la capacidad de elegir es tan peligroso como erróneo», una inclinación algo autoritaria —y de esencia machista— que remata con la doctrina anticapitalista cuando resuelve que «las mujeres trabajadoras siguen condenadas a volver al hogar» cuando, después de una glorificante jornada laboral, además, tienen que ocuparse de sus hijos.

Las hembras, cuya capacidad reproductiva está biológicamente bastante más restringida que la de los machos, tienen ahora a su alcance métodos cuasiinfalibles para experimentar la maternidad, aun sin padre presente o reconocido, por lo que esa libre administración del *in loco parentis* está más viva —o muerta, si se quiere— que nunca.

En su codiciosa batalla por conquistar los espacios masculinos, condicionando su independencia económica al no siempre gratificante ejercicio de la actividad remunerada, la mujer se ha llevado consigo los efectos que la Historia lleva siglos advirtiendo en los padres cuyo nomadismo los alejaba de sus hijos, luego carne de cañón para las tiranías. Solo que en este caso, además, de forma descarnada: aquellos al menos tenían algo o, mejor dicho, alguien a lo que volver, a quienes proteger.

Que ni siquiera las cacareadas políticas de conciliación familiar, usualmente molestas, ineficaces y ruinosas aun creadas por y para las mujeres, hayan redundado en un aumento de la natalidad —como demostró en un extenso dossier Axel Kaiser en su ensayo *La Neo-Inquisición*— es otra prueba de que la infertilidad es la forma favorita del globalismo. Esto nos recuerda, a unos y otras, que la reivindicación y búsqueda del padre también es una tarea compartida de cara a mantener en constantes vitales normales a todos los pueblos que conforman el entramado que nos hemos dado en llamar civilización.

6.2. Sobrediagnóstico y cansancio

La pandemia subsecuente a la aparición en nuestras vidas del COVID-19 cedió no pocos permisos a los gobiernos de pulsión totalitaria para hacer de su gestión el banco de pruebas mundial del control social. El resultado fue, a la vista está, altamente satisfactorio para todos ellos. Hubo gente, *a priori* madura, formada y capacitada intelectualmente, que llegó a creer de verdad que salir a pasear un metro más allá de lo establecido mataría a sus abuelos. O que el virus atravesaba las pantallas. O que los niños eran supercontagiadores. Vimos y escuchamos barbaridades que solo con el paso del tiempo reconocimos como tales, como la desinfección de parques infantiles que llevaban semanas acordonados o consejos sobre cómo lavar la comida con lejía para no envenenarnos. Todas estas marismas de pseudociencia quedaron sepultadas, como buenas patrañas, por la evidencia reposada. Pero en el momento de mayor incidencia, durante los primeros meses en los que todos los sistemas colapsaron, la respuesta de los gobiernos fue fabricar *papers*, artículos, ensayos y conclusiones que respaldaran sus decisiones tomadas a la carrera, arrogándose esa autoridad concedida y respetada, que en el mundo desarrollado los ciudadanos otorgan a sus representantes en las urnas.

Y todo en nombre de la ciencia

La genética adaptativa y cambiante de *la ciencia* como ente constituye un enemigo tenaz de la realidad, salvo cuando viene prescrita por los poderes políticos. Unos años atrás, en mitad de esa tormenta mediática que resultó de la elección de Donald Trump como presidente de los Estados Unidos en 2016, muchos teóricos nos explicaron con pelos y señales en qué consistían esos, por otro lado antiquísimos, mecanismos de control. Uno de los que mejor lo cuentan es Matthew d'Ancona en *Posverdad: la nueva guerra contra la verdad y cómo combatirla*, libro publicado a los pocos meses de las elecciones, en plena efervescencia y atención a los atajos que toma el poder para lavarnos el cerebro, sobre todo, a través de las disciplinas que erróneamente consideramos inmóviles o irrebatibles. Como no es un libro sobre la verdad, sino sobre Trump, D'Ancona solo rasca la superficie de estos mecanismos, que luego aprovecharon uno por uno la inmensa mayoría de los dirigentes del planeta para retenernos en nuestras casas mientras hacían acopio de datos mal cifrados, comisiones y acuerdos que consolidaban sus sillones y establecían redes clientelares con las que afianzarse y perpetuarse en el poder, enriqueciendo a los suyos mientras a los nuestros los enterraban a paladas.

El totalitarismo es, ante todo, una garantía de anulación de la voluntad individual, una promesa de homogeneidad, orden y concierto. Pero, hoy en día, sabe expresarse en múltiples formas que en la conciencia colectiva se asumen como necesarias para el correcto funcionamiento de la vida pública. Esto lo saben ellos, y lo sabemos nosotros: sencillamente, les dejamos hacer. Elegimos quiénes nos van a controlar y cómo. Y llegan hasta donde les dejamos llegar, la mayoría de las veces: a lo largo de la Historia, son palmarios los ejemplos en los que el público acaba consumido por su propia inconcreción, la vulnerabilidad del hombre en la que el político, *el padre terrible*, ha identificado su responsabilidad tutelar —con la consiguiente relación de beneficios personales estrictamente calculada.

El político que hoy llamaríamos de cuna, que limita en esencia con un perfil psicopático de corte narcisista, sobrevive a pandemias, hambrunas y necesidades valiéndose de un entramado de ciencias favorables que administra a placer. Con ellas forja referencias incompletas e implementa placebos —la propia democracia representativa y el celebrado pluralismo son algunos de ellos—. Ahora transitamos la época de los cuidados de la salud mental: vivimos sobrediagnosticados, medicalizados y aturdidos por imperativos laxos que nos venden a la vez la enfermedad y la cura, esto es, y revisando el clásico —probablemente apócrifo— leninista, la soga y la esperanza. El estado de desesperanza al que nos dejamos llevar por las comisiones de expertos a sueldo de los responsables de nuestra ruina parece que ha tomado tierra, y puede que todavía tarde unas décadas en despejarse.

Mientras tanto, la gran política renueva sus descubrimientos. Este del cuidado de la salud mental, además, reposa estadísticamente en una llamativa represión de la mujer independiente. Tenemos los datos: nunca en la Historia se habían administrado benzodiacepinas, opioides y psicotrópicos ansiolíticos en las cantidades de ahora, y su perfil receptor ideal es la mujer trabajadora.

Vamos a detenernos un rato en preguntarnos por qué

Ya hemos anticipado que la incorporación masiva de la mujer al mercado laboral por voluntad propia podría no ser tal, si consideramos que vino motivada por la apertura al debate del igualitarismo, enemigo acérrimo del desarrollismo. Mientras la gran política operaba en la sala de máquinas trabajando en explicarle a las mujeres que la maternidad era solo una opción más y que, llegado el caso, ni siquiera necesitaban a los hombres para experimentarla, el mundo colapsaba en incoherencias. La mayor de ellas, la galopante crisis demográfica occidental, aparejada inexorablemente a la sustracción de valores heredados de la experiencia. Con frecuencia, a quienes supieron prever fenómenos homologables —como la caída de la URSS—, véase en el caso del antropólogo Emmanuel Todd, les han pretendido *cancelar* —particularmente prefiero el término *desacreditar*, aunque la cancelación es bastante más agresiva y no exige contraprestación intelectual— por rancios agoreros o alarmistas de catálogo. Pero desde la caída del Imperio romano, ahora canon de esa circularidad de obsolescencia programada del prestigio de las leyes, todas las grandes crisis han replicado de forma similar. Alrededor de este nuevo fin del mundo, que no es más que un capítulo de relleno en la Historia, han teorizado desde Naomi Klein a Slavoj Zizek: aunque en diferentes aproximaciones ideológicas, poniendo «la muerte del sujeto» en el centro.

Para sobrediagnosticar a las sociedades contemporáneas ni siquiera hace falta matar al sujeto, basta con mandarle a casa a descansar con una baja por depresión. Potter y Heath, en *Rebelarse vende* (un título que acaba de cumplir 20 años), se recrearon en la reseña de la película *American Beauty* (1999) para servirnos otro arquetipo cultural hipnótico: buenos contra malos, cuanto más perfilados todos, mejor. Sin dobleces, pero con un mensaje político inequívoco, «pura ideología» según ellos. Y, esto es lo que nos concierne, valiéndose de una narrativa en la que el consumo de drogas —ahora opiáceos— estaba traducido como un proceso liberador de la constreñida psique colectivista.

Nada más lejos, claro

La patologización es el objeto de control preferido de los totalitarismos modernos. Sirve para destensar la responsabilidad gubernamental de responder ante las propias brechas de confianza generadas en el ciudadano, induciéndoles al trance de sumisión química. Una vez entendido esto, no es difícil desgranar el siguiente paso natural: normalizar, asumir y hasta romantizar la enfermedad mental, incluso prefabricando nuevas patologías, de la misma manera que hemos visto que pueden afirmarse y subvencionarse infinitas identidades sexuales.

Solo así los hombres y mujeres desprovistos de valores arcanos podrán soportar su desdicha sin que esta resienta el proceso productivo, entendiendo por tal aquel que redunda en la continuidad de estos ambiciosos proyectos globalistas. La crítica habitual que reciben estas observaciones suele anidar en la descalificación, especialmente si alude, ironías aparte, al escepticismo paranoide. De algún modo, el totalitarismo moderno, la dictadura de lo idéntico y ese Pangea *woke* que opera en bloque contra el individuo no está más que replicando los modelos antiguos en los que se aislaba y reprimía a quienes, sencillamente, renegaban de la versión oficial de la realidad. ¿Por qué iba a mentirnos el Gobierno? Al fin y al cabo, están ahí para servirnos: les hemos elegido para que trabajen para nosotros, ¿no?

Pero la fiereza con que muchos de estos totalitarismos se han desempeñado alrededor del cuidado de la salud mental, y las pistas que nos ha dejado su atención, son mucho más elocuentes que cualquier *paper* firmado a ciegas por los expertos de agenda. En concreto es llamativa la romantización del cansancio, producto, además, de la soledad y el sobrecogedor neo-nihilismo de nuestra época.

Seguro que tampoco es casualidad que una de las exponentes más claras de esto, la exprimera ministra neozelandesa Jacinda Ardern —lo más cercano a un dictador antiguo que ha conocido el mundo moderno— recurriera al cansancio, el paso a un lado, la sobrehumanización del político —y en concreto, de la mujer en política— para preparar la que probablemente ya sospechara como principal amenaza a su mandato: la a ratos inhumana administración de la crisis en pandemia. Ardern habló en plenitud de facultades de su gobierno como «single source of truth» (única fuente fiable) en lo que respectaba a la propagación de información que motivara sus decisiones, particularmente restrictivas, de control de la pandemia. Tres años después, las investigaciones que cercaban esta administración, sutilmente matizadas —cuando no directamente silenciadas— en los medios de comunicación, sugerían un abuso plenipotenciario difícilmente justificable. Esta historia a los españoles también nos suena.

Pero el plan de sobrediagnóstico y tributo al cansancio, además de una somera autojustificación del totalitarismo, convoca también al feminismo de una forma muy expresiva, pues, como hemos mencionado, la mujer soltera trabajadora se ha revelado estadísticamente como la principal consumidora de estas drogas no solo permitidas, sino ya alentadas, por *la comunidad científica*. Aquello que parecía una broma en el título, de Lou Marinoff, *Más Platón y menos Prozac*, en una época (1999) en la que los ansiolíticos ya reemplazaban descaradamente al pensamiento crítico —y qué decir de la introspección—, representa hoy en día una idea reaccionaria que algunos gobiernos contraprograman con, por ejemplo, marchas y manifestaciones por la salud mental bajo el lema «orgullo loco».

Resulta inquietante que, buscando luchar contra la codependencia, pretendiendo visibilizar a las víctimas de trastornos mentales desamparados por el sistema, sean los propios representantes políticos quienes desfilen orgullosamente junto a estas víctimas apropiándose de un término conflictivo, «loco», con el que sus prescriptores deslizan sutilmente al que ose cuestionar el pensamiento único. Por supuesto, no es casual (en política nada lo es). Llevar la guerra de sexos al absurdo paroxismo ha servido en bandeja esta apropiación patológica de la mujer —y el hombre— rotos, en esencia, autoabandonados y obcecados con encajar a la fuerza en espacios naturalmente estrechados.

Menos mal que nos quedan *los gobiernos*.

Qué sería de nosotros sin ellos.

Bloque III
MATAR A LA FAMILIA

«No siento nostalgia del pasado
porque vivo rodeada de él».

Yanire Guillén

Capítulo 7
AUGE Y CONSOLIDACIÓN DEL *HOMO LUDENS*

Hace tiempo que el sistema que gobierna el primer mundo ha aceptado que la familia, entendida primero como relación social consanguínea, es una alternativa igual de válida que cualquier otra a la existencia y desarrollo del individuo. Contra algunos preceptos más efusivos, fuertemente influenciados por la herencia judeocristiana, hoy asumimos que el hiperindividualismo motivado por las revoluciones humanistas es el principal valor del hombre —y la mujer—, y la mayor parte de las fuerzas sociales trabajan firmemente en no perderlo. Lo cual nos da una pista, por cierto, de cuál fue la raíz de estas revoluciones, empezando por la del 68, que todavía ha de pasar a la Historia como la gran operación de falsa bandera del mundo moderno, obligado a liberarse de la tensión pesimista y a ratos homogeneizadora del cosmos sobrenatural de la religión.

Estando de acuerdo en lo básico, que es la capacidad del individuo para progresar de acuerdo a sus propias creencias y convicciones —aunque esto también implique abrir el campo a infinitas cárceles mentales, la abrumadora guerra sin cuartel que libran los antikantianos—, el vistazo que hemos echado a la tragedia demográfica que asola Europa, cómo la posmodernidad moldea los acuerdos de sexualización y el fomento recreativo de la existencia señalan en la dirección exacta que presumíamos: la destrucción, también, de la familia. Ni siquiera hace falta usar coletillas de ningún tipo como «tradicional» o «normativa», pues generaciones enteras han crecido escuchando cosas tales como que la familia deviene en esclavitud —algo relativamente cierto a nivel etimológico, con sus necesarios matices a nivel sociológico—. Con razón, también nos hemos acostumbrado a leer astracanadas como que los amigos son «la familia que se elige», lo cual irónicamente reconcilia dos extremos: uno, que *la familia* implique una relación naturalmente tóxica o de dominación vertical (¿quién elegiría conscientemente algo así?) y dos, que la amistad, cualquiera que sea su raíz, está bastante lejos de ese precepto ampuloso de infalibilidad que conferimos en esas etapas de inmadurez a horcajadas que marcan fuera del hogar —de la patria— esos referentes y compañía cuya necesidad, por omisión, malinterpretamos a menudo en relaciones de codependencia.

La liberación sexual sobrevenida a estas revoluciones humanistas también tiene mucho que ver, por supuesto, desde el mismo momento en que empezamos a interpretar la sexualidad como un bien individualizado que podemos materializar y positivizar fuera de los márgenes opresivos de la moral. El auge hedonista, de búsqueda del placer *por el placer*, apela en su fundamento al deseo: y el deseo, ya lo hemos mencionado previamente, es un interruptor vital difícilmente negociable.

Trasladar la ambición a la sobreexposición, particularmente en la época actual en la que tan difícil parece mantenerse al margen del culto al apetito, fomenta un orden contrario a la responsabilidad y altura que exige un estado de plena conciencia, en el que seamos capaces de reconocer, sin incurrir en errores maniqueos ni dualismos tramposos, la obligación de sujetarnos en pos de la vivencia por encima de la supervivencia. O como ya escribía Henri Baudrillart en el siglo XVIII y recuerda Yves Michaud en *El nuevo lujo*, hayamos desplazado el pensar al sentir.

Michaud recurre a esta semilla postcartesiana para debatir la sensibilidad contemporánea que traza el paralelo de la introspección y la meditación al de la experimentación del gozo cuasideportivo, fundado en la afición al libertinaje. Huelga decir que la pretendida revolución sexual, bandera de la mayoría de los *-ismos* que debatimos en la actualidad, no se detiene un solo instante en describir cómo la cesión de lo íntimo, y por tanto de la identidad, afecta al correcto desarrollo de las relaciones humanas, ahora cuantificables. Bien al contrario: se ha convertido en el ariete más cómodo para explicar, a un lado y otro del debate, diferentes aproximaciones a la moral occidental contemporánea. En consecuencia, dibuja en las orillas de la conversación los dos bandos, opresores y oprimidos, cuya entidad únicamente existe a través de la experimentación —o represión— de los goces: de ahí que sea tan difícil, en igualdad de condiciones, situar el kilómetro cero de la discusión lejos de la familia, la patria, lo que nos une —o separa—; sobre todo si esta se presenta, como prefieren muchas de las corrientes ideológicas actuales, como órgano nuclear en disputa.

Las naturalezas, ahora adoctrinadas, de los hombres y mujeres actuales, conformes con esa instrumentalización de su sexo e intimidad, son la estricta presencia de esta motivación del *homo ludens* que está socavando la integridad de la patria familiar.

Michaud recurre frecuentemente, aunque se cuida de emitir juicios de valor, a representar el sexo como uno de esos marcadores que ironizan sobre la capacidad humana, hoy alérgica al compromiso. En concreto habla de afición y deporte en el marco de la poligamia, siguiendo la estela que los estudiosos que hemos leído reposaban en el temido donjuanismo, tan alejado, en realidad, del ideal romántico. La relación que Michaud establece con el mundo moderno es interesante, porque recorre un anillo dantesco en el que todos hemos dado alguna que otra vuelta, y que incluso apoya —y no es el primero ni el único— en algunos de los preceptos darwinianos que condensaron términos como *singularidad* u *ostentación* respecto del origen —y destino— de las especies. Solo que, tal y como señala Michaud, esa ostentación hoy día viene dotada con orientaciones esencialmente disfuncionales, vinculadas a la sobreexposición de las conquistas sexuales y la hipervisibilidad (lo que también aparecía en las conclusiones de Schmitt). Algo que, de paso, puede ser el origen de esa fuerza psicosocial que ahora conmina a jóvenes y adultos extraviados a trocear libremente su estado armónico fallido, para enjundia de los códigos de programación de esos prostíbulos digitales en los que se han convertido las *apps* de citas, donde la privacidad y la discreción son ya pura retórica.

Por supuesto, racionalistas, consecuencialistas y el resto de críticos con el orden natural, que coinciden en la reivindicación del libertinaje sexual como incondicional del autodescubrimiento, no quieren ni oír hablar de esa causalidad entre abandono moral y decadencia afectiva. Es más: para poner énfasis en lo fallido —y en el derecho a elegir la imperfección—, parten de su supuesta némesis funcional, que para ellos sería la férrea y alienadora estructura que les ha sido dada a hombres y mujeres desde su concepción, cuando en el orden de la célula cigótica ya van implicándose los marcadores que la biología impone sin preguntar a los *lobbies* su opinión.

No deja de ser llamativo que estos mismos marcadores sean los que motivan las reflexiones más altisonantes sobre los roles de género, que tan brillantemente desnuda Claudia Goldin en *Carrera y familia*. Esta es quizá la última obra cumbre sobre cómo, por qué y, sobre todo, para qué se desincentiva la organización patrimonial al tiempo que se alimenta, con innegable tozudez, la idealizada emancipación de la mujer trabajadora, incapaz tantas veces de desdoblarse en madre y empleada por cuenta ajena sin que esto afecte, directa y trágicamente, al pacto que la ciencia traba con el ser humano y sus condiciones para respetar su continuidad como espécimen social.

Goldin ha pasado décadas recopilando datos y tablas que cruzan contundentes conclusiones sobre cómo ha afectado la salida de la mujer de los hogares a lo que conocemos por figura materna. Su currículum y el Premio Nobel en Economía ganado en 2023 avalan sobradamente su trayectoria como experta en brecha salarial, por lo que, más allá de los devaneos ideológicos de turno, su solvencia está fuera de toda duda. Lo verdaderamente interesante es que Goldin plantee, como alternativa final a la amenaza a las familias que ha resultado de este fenómeno históricamente reciente, cambiar *la naturaleza del trabajo*. ¿De todos los trabajos? No, claro: solo de los trabajos esencialmente realizados por las mujeres que, casualidad o no, pertenecen en un porcentaje revelador —«casi el 50%»—, remarca constantemente Goldin, al sector que ahora se llama «de los cuidados».

A quienes sean que hagan el otro casi 50% les concederemos, en el mejor de los casos, el tributo honorífico de la mayoría simple.

En esa especie de rueda de hámster en la que han quedado atrapadas las dos posturas —la que solivianta la condescendencia histórica patriarcal hacia la mujer, a menudo presentada en las instituciones como un ente discapacitado para la excelencia, y la que acepta a regañadientes que sus particularidades vienen precofinguradas— crece tranquilamente un parásito insaciable, el prejuicio, que engorda sin límites sobre montañas de frustraciones.

7.1. Libertinaje y declive del hogar: *It's a match!*

Cappelle dedica en *Colapso feminista* un capítulo entero, titulado *¿Una revolución sexual fracasada?* a hacerle a las neofeministas un poco de pedagogía sobre en qué momento se fragmentó la relación entre el libertinaje sexual y la causa liberatoria de la mujer. Su conclusión es, otra vez, que el mundo no está preparado para la mujer libre. Aunque todavía no sepamos muy bien qué significa exactamente eso. Es probable que la propia Cappelle, que ya hemos visto que rechaza frontalmente la libertad de elección —por ejemplo, en las mujeres que deciden ser madres, emplearse en el cuidado de su familia y comprometerse incondicionalmente con un hombre al que eligen como padre—, todavía albergue dudas razonables al respecto. Está bien: ya hemos dejado claro que la duda es un signo de madurez.

La incorporación al estudio de Michaud del sexo casual de ocasión, con las implicaciones que conocemos de sobra —riesgos físicos y psicológicos al frente—, es un asunto a tener más que en cuenta dentro de este vórtice anárquico. La socióloga franco-israelí y marxista declarada Eva Illouz, como en su momento Margaret Atwood —autora de *El cuento de la criada*, distopía publicada en 1985—, han denunciado también ciertos problemas con la desacralización del rito de la seducción, solo que, en lugar de unirlo a la sombra de la emasculación social del hombre, lo relacionaban con el autoabandono de la mujer y su aceptación objetiva inconsciente, en palmario conflicto con el término de la liberación. Como concluimos antes, huyendo del hogar la mujer no huía del hombre, sino de la madre. Así, una de las amargas observaciones en la obra de Goldin recuerda cómo el manido acrónimo, anteriormente tan celebrado por el posmodernismo, del WFH *(work from home)* se ha empezado a traducir para muchas mujeres, y por diversos motivos, como *work from hell*. Y por eso, en no pocos gobiernos de izquierdas que se autoproclaman progresistas, ya se trabaja en rebajar la fascinación por el teletrabajo, que como opción realista para la conciliación familiar ha resultado ser poco menos que un espejismo (cosa que, por otro lado, era bastante obvia de inicio para quienes verdaderamente se ocupan de su hogar y no delegan su mantenimiento en terceras personas).

Volviendo a la exuberancia de los apetitos por el *fast food* carnal, tal vez deberíamos ir sin complejos a reflexionar en qué punto de esta comedia negra nos encontramos. El mercado de la carne nunca ha estado tan barato, y los métodos que antiguamente resolvían los encuentros con un deseo en suspensión, hoy se acatan como píldoras hedonistas de consumo inmediato. Podríamos hablar, por qué no, de cierta *tinderización* de la sociedad, si tomamos como referencia el *boom* exponencial de la famosa *app* de citas —aunque existen muchas otras desde hace muchos más años, varias gobernadas por un mecanismo funcional verdaderamente atroz—. En algunas de ellas, por ejemplo, las mecánicas de monetización —esto es, la principal fuente de ingresos para sus creadores— operaban con el número de perfiles de mujeres que los hombres podían visitar al día. Ni siquiera esperaban una respuesta positiva, sencillamente pagaban por poder seguir visitando perfiles de mujeres, manteniendo artificialmente viva la esperanza de tener alguna oportunidad, nunca garantizada, de conseguir un «tal vez». La escena rezuma un patetismo francamente difícil de digerir: pero seguro que alguno esperaba conocer así algún día a la mujer de su vida.

Pagando

Por su parte, instrumentalizadas involuntariamente en esa posición de poder, muchas usuarias probablemente se hayan malacostumbrado a un método de elección, sobre el papel provechoso e infalible, que les confería a ellas esa ficticia capacidad de disponer de cuantos hombres quisieran, perdiendo un valiosísimo tiempo efectivo en cuestionarse qué tipos de usuarios son generalmente más propicios a utilizarlas. Para los desarrolladores y jefes de ventas, en cambio, esto no es ningún secreto: bien al contrario, todo el sistema de refuerzos positivos activan regiones del cerebro concretas hipertrofiadas, sobre todo, en perfiles que han perdido toda sensibilidad social o que, en el mejor de los casos, no han probado si están capacitados para relacionarse de manera funcional con sus congéneres. Esto es lo que en las conversaciones informales se suele despejar con aspavientos, recelos y discusiones acaloradas que, cómo no, ponen el foco en la *libertad* para equivocarse y escarmentar en la propia carne lo que, poniendo sencillamente la oreja en la calle, ya podríamos haber escarmentado en la ajena.

Hete aquí entonces que muchos hombres todavía no saben, o al menos prefieren fingir que no lo saben, que son sin lugar a dudas las víctimas propiciatorias de este tipo de lugares en los que convergen la sobreabundancia de hembras disponibles para el sexo casual, la afición al *body count* —el sexo como disciplina deportiva, dijimos antes— y, lo más importante, la romantización de la soledad —o el hiperindividualismo— derivada de esa apuesta cultural por lo fugaz. La reducción de la responsabilidad afectiva a mero accesorio burocrático ya se ha comprobado potencialmente arriesgada para los más jóvenes, como datan las cifras sobre abortos recurrentes en menores de treinta años —horquilla que se sigue dilatando— y no digamos ya la proliferación de enfermedades de transmisión sexual entre adolescentes. Pero sermones aparte, la problemática *real* se recrudece en la etapa adulta, cuando los gametos —femeninos y masculinos— empiezan a flaquear y se van estrechando las oportunidades de prosperar en unión con otras personas mediante eso que los viejos desclasados y utópicos se empeñan en llamar *familia*.

Antes resolvíamos que el porno no parece, si templamos el debate, una causa definitiva que emparentar con el auge de las violaciones en manada. No al menos el porno audiovisual empaquetado en escenas cortas al alcance de cualquiera con un móvil desbloqueado a mano. Pero ¿qué hay del porno íntimo, desestructurado? Tal vez el porno verdaderamente tóxico e industrial lo estemos rodando nosotros en cada *like*, cada *selfie*, cada cita *a ciegas* con un desconocido que creemos cercano por tres noches de conversación animada a distancia. Que en las condiciones y términos de usos de estas *apps* de citas —esas molestas parrafadas que pasamos a la carrera con los dedos ansiosos y aceptamos sin leer— te adviertan de la probabilidad de que las intenciones de algunos usuarios puedan ser deshonestas ya debería darnos alguna pista. Pero no parece que estemos muy por la labor de aceptarlo como tal, entre otras cosas, porque vendría a ser reconocer que hoy en día, mal que nos pese, *el porno somos nosotros*.

Valga de nuevo una trivial alusión: en *Hang the DJ*, uno de los mejores —en mi opinión— episodios de la serie *Black Mirror*, multirreferenciada *ad nauseam* por visionaria —algo lamentablemente falso: solo bebía de las señales que la mayoría ignorábamos—, hombres y mujeres maniatados a la tecnología están condenados a implicarse sentimentalmente pudiendo saber de antemano la fecha de caducidad de su relación. En un momento dado, la protagonista reflexiona en voz alta si en realidad ese sistema no hace sino potenciar activamente el fracaso hasta agotarte psicológicamente y dirigirte, una vez inservible para su *target* —público objetivo: en este caso, solteros promiscuos sin tiempo libre para salir a conocer gente de verdad en entornos reales sin programadores ni ingenieros detrás—, a conformarte con cualquiera que se detenga a admirar tus pedazos en el suelo.

La destrucción de la familia es, sencillamente, otra consecuencia de la autodestrucción personal incentivada por los malvados millonarios codiciosos a los que les aceptamos incondicionalmente todos los términos y condiciones. Como alternativa, se nos ha regalado un muestrario de unidades familiares infinitas, cada cual en un grado de extravagancia variable, pero todas infusionadas en una heterodoxia rampante con la que inflamar el único órgano vital sin reemplazo: la autorrealización.

7.2. Hiperconectados a la nada

Quizá para colocar el concepto de la *tinderización* de las relaciones sociales en la actualidad haya que hacer un esfuerzo ímprobo que nos obligue, en primera instancia, a mirarnos en un desagradable espejo deformante. Pero de la *McDonalización* de la sociedad llevamos casi tres décadas hablando, en concreto, desde que George Ritzer adjudicara este concepto en su obra homónima, allá por 1999. El derroche de insatisfacciones derivadas de esta apuesta por la insalubre uniformidad ha sido y continúa siendo una fuente constante de conflicto, porque, al igual que Tinder, tiende a hacer extraños compañeros de cama.

La *madam* de esta extravagante casa de citas sería Naomi Klein, quien seguro de forma no demasiado consciente estableció con su canónico *No Logo* una suerte de Decamerón hiperirónico sobre lo que hoy tenemos por contracultural o transgresor. De ciclos circulares y respuestas de oscilación pendular se ha escrito mucho en economía, quizá empezando por el socialdemócrata ruso Nikolái Kodratiev, fuente de inspiración constante para quienes no esperan demasiado del determinismo de los indicadores macro: y, en fin, de Groucho Marx a Francis Picabia, los aforismos sobre las implacables leyes del esputo lanzado al aire, devuelto con intereses por la gravedad, son diversos y muy esclarecedores.

Por eso, tampoco es de extrañar que a la época mal considerada de la infoxicación —un término muy de brocha gorda al que no solemos atribuirle virtudes, sencillamente porque no ha demostrado tenerlas— le acompañe un recelo intergeneracional, dada la apuesta individualista del hombre por su hipertrofiado ego. Las razones turbocapitalistas —otro insoportable modernismo— que lo justifican siguen a buen recaudo de la catarsis egoísta. Así lo veían ya Heath y Potter cuando advertían que «el individualismo no tiene nada de malo en sí, pero es importante no mantener nuestra individualidad a expensas del tiempo y el esfuerzo de los demás». Los dos profesores publicaron este ensayo, *Rebelarse vende* (cuyo sugerente subtítulo es *El negocio de la contracultura*) a la lumbre de una actitud que, varios años después, reconocían alterada en la orilla ideológica contraria, cuando el magma digital empezó a reaccionar contra la imposición de los cánones moralistas de la temida clerecía progresista.

Esa decidida apuesta que el siglo XX pareció fijar por la «diversidad uniforme» está en magnífica consonancia con lo que seguramente Klein idealizaba al presentarnos a su consumidor rebelde, hoy un racimo de nervios ante los inabarcables estímulos que alteran el alma concupiscente. Lo que probablemente fuera más difícil de prever es que a estas alturas del siglo consiguiente, lo transgresor fuera reivindicar el pasado, ergo la familia: el núcleo, el considerado *penus*, la tradición. El *ethos*, en definitiva, al que apelan los denostados conservadores. Es curioso, porque para enfatizar la destrucción de la familia y blanquear la cuestión central de la reducción del padre, tendemos a leer falacias vagas en diversos espectros ideológicos que apelan al sobredimensionamiento de las responsabilidades individuales. Casi podríamos decir que la lucha anticapitalista ha absorbido ese patógeno contra el que luchaba, recreando una magnífica simbiosis marxista-leninista con este jacarandoso presente de diferenciación que enfrenta la heterogeneidad —ya hemos leído a suficientes neofeministas explicarles a las mujeres qué es lo que les conviene.

Una de las batallas más cruentas que libra hoy día esta corriente alternativa es la de la repulsa por el pasado, lo cual ennoblece todo lo teorizado hasta ahora sobre evolucionismo estrictamente social. Me refiero a ese componente que reivindica otra marcha, otro tiempo, el *ubi sunt*; y cómo ciertas expresiones de activismo diabólico reaccionan especialmente coléricas a su recuerdo. La vuelta a los orígenes, el campo, el pueblo, la familia: la consolidación de esas redes de consistencia socializadora primaria de las que pendían las grandes relaciones tribales, luego comunitarias —sin puritanismos, pero sorteando la endogamia— que, entre otras materias, rellenaban con humanidad los huecos que dejaban los desaparecidos antes de que los modernos se rindieran al culto del asistencialismo.

Por chocante que pueda parecernos, tampoco nada de esto es particularmente nuevo: el economista alemán Ernst Schumacher publicó en 1974 *Small is beautiful*, con el paso del tiempo todo un manifiesto reivindicativo de lo esencial, obviamente recogido en su campo intelectual, que décadas después se ha hecho extensible a la lucha globalista —otra guerra que ha cambiado de signo en un parpadeo—. De su alegórica llamada a la economía «de lo pequeño» —es decir, del repliegue a lo local— han bebido luego innumerables llamadas de atención para conmemorar, por ejemplo, la pretendida exclusividad que persigue el consumidor rebelde, un autómata como otro cualquiera postrado ante un contrapoder reflexivo.

También esto implica una evisceración del núcleo familiar, en la medida en que no invita a reconocer individualidades a las que asistir desinteresadamente. Como los puristas se han aburrido de recordar, la economía empezó en el mismo núcleo del hogar —del griego, la *administración de los recursos* del mismo—; su apertura histórica solo ha reproducido esta idea en espacios abiertos. Por eso, la paradoja individualista actual invita a replegar ese desarrollo: ahora cada hombre y mujer constituye por sí mismo un pueblo, y la sostenibilidad de su gobierno apenas permite cesiones a los espacios y tiempos de los demás. De ahí que, pese a pasar entre tres y cinco horas diarias consultando pantallas, haya quien todavía pueda esgrimir sin rubor *la falta de tiempo* como pretexto para rechazar el florecimiento en familia.

En contraposición a toda esta parafernalia sobre egoísmo, derroche y soledad, no podemos dejar de mencionar la prisa, una escisión de la cronopatía que asola al mundo y que nos obsesiona con la decadencia de un futuro que no esperábamos. En España pasamos alrededor de cinco horas *diarias* —repito: cinco-horas-diarias— consultando aparatos tecnológicos (esencialmente el teléfono móvil: cerca de tres horas de media), desaguando un tiempo libre que no nos sobra y que solemos enumerar como una de las razones por las que no merece la pena hoy día embarcarse en la exigente tarea de formar, mantener y esforzarse en ampliar una familia.

A la hora de la verdad, cada individuo —cada *pueblo*— busca sus propias justificaciones, y con razón enaltece su soberanía rechazando injerencias externas. Al igual que otros autores reclaman cierta vuelta a los orígenes, sean estos rurales o directamente animales, otros han visto en la apuesta por la lentitud una oportunidad de negocio redonda. Es interesante visualizar en perspectiva uno de los experimentos más loados, el del *Cittaslow*, que ya ha cumplido 25 años, como punta de lanza de un movimiento semicultural aparejado a la reducción de marchas del mundo moderno. El *Cittaslow*, que surgió en un pequeño pueblo de la Toscana como respuesta precisamente al hombre gris, es hoy poco menos que una organización de membresía (cuesta entre 600 y 3.500 euros anuales ganarse el derecho a usar su logo, como garantía no sabemos muy bien de qué) con la que curarse virtualmente del espanto del vértigo. Algunos lo denunciarían por reaccionario, porque, por las razones que ya hemos mencionado de sobra, el futuro comporta aniquilación, reduccionismo, frivolidad y un borrado progresivo de ciertas fronteras morales que aneguen de ociosidad y anarquía todo lo que conocíamos antes por clásico o tradicional. La misma Agenda 2030, toda la marabunta *woke* y por supuesto la pleitesía al orden disuasorio de la cultura de la cancelación no son más que el eco violentado de ese sustrato anticipado en la obra de Schumacher. Como una burlesca cabriola al futuro, disociando individuo de deber moral, hemos inflado el globo del *think globally, act locally* hasta que no ha soportado más gas y ha salido expedido a perder sus propiedades en la atmósfera.

Con ello, claro, nos hemos llevado por delante lo auténtico.

No sé si María Zambrano y Yanire Guillén se habrían llevado bien —probablemente, sí; vaya dos mujeres de bandera—, pero con décadas de diferencia coinciden en algo esencial: la impactante fuerza del legado paternofilial. La primera reivindicaba así al padre como pilar en familia: «Es algo más que un hombre de carne y hueso; nos da un nombre». Y en la misma línea, concluía un lema que bien podría subtitular este epígrafe: «Tener nombre es tener un origen claro». Yanire, medio siglo después, lo expresó de una manera más intimista recordando las horas con su abuelo y lo que para ella significó cambiar el cosmos capitalino por regresar a donde siempre perteneció, su *locus amoenus:* «No siento nostalgia del pasado porque vivo rodeada de él».

Tantas horas hiperconectados al vacío, pasando pantallas en las que no prosperar y rebuscando excusas y gratificaciones de reciclado automático únicamente están menoscabando la disponibilidad real de los hombres y mujeres para generar ese pasado al que poder volver mañana. La hecatombe demográfica es un punto diminuto en el universo comparado con la sistémica decapitación de las familias que hemos asumido como equivalente próspero de individualidad.

Antes, el egoísmo era tratado como vicio. Hoy ya es un festejado y subvencionado estilo de vida, una forma de ser en el mundo, aunque conlleve malgastar haciendo *scroll* en Tik Tok o Instagram los años de mayor propensión a la búsqueda de sentido, sumiéndonos en la más abyecta de las intrascendencias.

Capítulo 8
PADRE Y ABORTO LIBRE

Hemos llegado hasta aquí descomponiendo una situación muy obvia a los ojos del observador equidistante, que es el cambio naturalizado que la posmodernidad ha ejercido sobre el papel, a menudo autoimpuesto, del padre como complemento y no como alternativa a la madre. De primeras, esa composición de rivalidad entre hombre y mujer, además de las evidentes flexiones que obliga a hacer respecto de los nuevos roles de género y los temidos constructos sociales, implica una problemática biológica que durante siglos se ha estudiado en lo que respecta al comportamiento en el reino animal del hombre como garante de la prole.

Sabemos que, en la naturaleza, el macho está relegado, particularmente entre los mamíferos, a un designio que únicamente solicita sus gametos a cambio de la permanencia en el mundo. Esto condiciona la competitividad y premia, también a menudo entre los seres humanos, al macho fuerte, dominante, agresivo, *seductor*. A donde no llega toda la ciencia relacionada con el fenómeno llega, a menudo de forma involuntaria, la experiencia propia (y sus caprichosas consecuencias, que desarrollaremos en este mismo capítulo y sin saltarnos un solo tabú).

En esta dicotomía, a menudo rechazada por simplista —ergo por evidente: ya hemos visto que en la relación entre hombres y mujeres, una vez trascendidos los preceptos biológicos, opera más el modelo *ockhamiano*— se hace más intenso que nunca el verbatim *mater semper certa est, pater nunquam*; al fin y al cabo, por razones evidentes que sorprendería tener que desarrollar, es la madre, la hembra, la que recibe, retiene, cobija y desarrolla esos gametos en su interior. En consecuencia, su papel en el desarrollo de la especie, la concepción y la crianza posterior e inmediata de las crías forja, de forma natural, una responsabilidad zoológica de una categoría diferente —digamos, sin miedo, *elevada*, habida cuenta, además, de los estudios que relacionan los cambios hormonales y cerebrales a los que las madres se enfrentan durante, y ahora también sabemos que después, de la gestación.

Esbozadas en lo práctico las diferencias fundamentales que podrían explicar por qué machos y hembras construyen de forma radicalmente diferente su experiencia respecto de su progenie, cabrá hacer un aparte en lo que respecta al ser humano. Porque si hay algo que nos distingue de los animales, además de todo lo que nos han contado desde pequeños y que resumimos en ese trampantojo supracientífico que es *la razón*, es que en el reino animal no se ha integrado la pérdida de la descendencia como una fiesta de celebración de emancipación socializadora de la hembra. Y menos aún, cuando esta se aborda de forma voluntaria —volveremos a este eufemismo—, obviando el cuando menos potencial derecho del padre a cuestionar esa particularidad que es la de decidir sobre la vida de sus hijos.

Dicho de otro modo: solo el ser humano concibe el aborto libre como una liberación digna de recabar con alivio y efusividad. Y eso tiene muchas y muy variadas explicaciones, pero ninguna de ellas cómoda.

En primer lugar, probablemente hayamos llegado al quid de la negación totalitaria de la paternidad. No existe, literalmente, forma más atroz de desnaturalizar la figura del padre que abortando sin necesidad de consensuar la decisión con el hombre que depositó los gametos en el interior de la mujer.

Como parece *lógico*, si seguimos partiendo de la idoneidad de la figura de referente paterno en la familia dentro de su paradoja, y tal y como la mayoría de sociedades desarrolladas se ha encargado de consolidar durante el siglo XX, el reino legalista establece sobradamente los casos en los que esta «interrupción voluntaria del embarazo» ha lugar sin que el padre, cuando es forzoso, irresponsable o se desentiende de las consecuencias directas del acto de la concepción, tenga nada que decir al respecto.

Hablamos, circunscribiéndonos aquí al caso español, de una regulación que coquetea con los cien años de historia —desde las primeras aproximaciones legales durante la Segunda República , luego interrumpidas durante el franquismo—, y que se ha revisado y actualizado en democracia en numerosas ocasiones y bajo gobiernos de —se supone— diferente signo. Es, pues, y por boca de las tinieblas garantistas que se miden primero por la entrega al feroz individualismo ilustrado, un *derecho* de la mujer, y cabría discutir si también del hombre —desde luego, siempre que se le preguntara al respecto, cosa que ya hemos comentado que no es necesaria— sobre el que se trabaja incesantemente y que según la posmodernidad está reñido con el sometimiento del conflicto a su discusión moral más elemental.

Y esto, que quede claro desde ya, sin querer entrar a valorar siquiera las consideraciones religiosas, pues tendríamos que parar en seco en el implacable argumento de que ningún texto legal puede consagrar, en una sociedad que se diga civilizada, el *derecho a matar,* que es justo lo que un porcentaje muy importante de la población occidental —así como del elevadísimo porcentaje de médicos objetores de conciencia, y a los que busca deslegitimar la última reforma de la ley del aborto española— considera que es el aborto.

Desde el mismo eufemismo anticipado anteriormente, la *interrupción voluntaria del embarazo,* entendemos que el aborto supone un quebradero de cabeza a demasiados niveles como para dejarlo pasar alegremente por una condición más de los tiempos modernos. De hecho, y yendo a la pura etimología, el aborto no supone ninguna interrupción dado que solo se interrumpe lo que se puede reanudar, algo que como cualquiera de nosotros llegará a entender, no ocurre en este supuesto. No es casualidad que muchos de los argumentos alrededor del debate sobre aborto libre —tanto a favor como en contra— interpelen el eufemismo como arma preferida de duelo, porque para poder ubicarlo entre moralidad y legalidad es necesario abstraerse de ese absoluto que es elegir entre matar niños o dejarlos vivir. Como digo, una reducción a menudo hostil pero, precisamente por este motivo, sobradamente importante.

8.1. El falso anticonceptivo

Volviendo a la casuística española, alineada con otros paradigmas —es especialmente llamativa la inserción del carácter festivo del aborto en Latinoamérica: en Argentina fueron multitudinarias las manifestaciones coloridas y alegres, acompañadas de *performances* artísticas que simulaban el asesinato de niños usando en su lugar muñecos— encontramos ciertos datos importantes que hablan sin complejos de qué implica, a nivel práctico, el aborto libre. De hecho, que para representar la celebración del aborto libre se elija esa imagen tan macabra del asesinato de bebés por las propias proabortistas ya anticipa un más que cuestionable enfoque de dicha conquista social.

Los últimos números en nuestro país, y estos son solo de los que se tiene registro, sitúan el número de abortos anual alrededor de los cien mil de media. Esto son cien mil nacimientos menos cada año en un país en el que ahora nacen aproximadamente la mitad de niños que hace apenas tres lustros, en un contexto de envejecimiento de población e inversión de la pirámide demográfica que no invita precisamente al optimismo a un par de décadas vista, si a lo que aspiramos es a que los jóvenes hereden un planeta que hasta hace poco tanto nos preocupaba que no tuviera alternativa en el universo y demás. Pronto no será tan importante pensar en el planeta que legaremos a nuestros hijos, habida cuenta de que cada vez habrá menos hijos a los que legar nada.

Dado que demasiados de estos abortos no se practican por los preceptos contemplados en la actual ley en vigor (la LO 1/2023, de 28 de febrero) y en muchos casos se trata del tercer, cuarto o hasta quinto aborto en la misma mujer, cabe tomar altura respecto a la discusión sobre si el aborto *libre*, reivindicación intrínsecamente feminista, no es más que una treta que algunas mujeres puedan utilizar, como denuncian los críticos heterodoxos, como método *anticonceptivo*. Esto, lógicamente, considerando que el aborto no niega la concepción, sino la vida ya concebida en el vientre materno. Así, contraviene la razón misma de someter algo tan traumático como la elección sobre la vida o la muerte a un texto legal al abrigo del juicio político, con lo que ello implica: permeabilidad al *zeitgeist*, electoralismo, marketing promocional, demoscopia, medición de audiencias y sentimientos vacilantes de masa. En definitiva, lo que conviene al utilitarismo estético.

Hay situaciones en las que también sería lo ideal dejar la política al margen, aunque en este caso, como estamos empezando a intuir, todas las corrientes estén drásticamente alineadas en una sola dirección.

En concreto, contra el hombre. Y especialmente, contra el padre.

Cruzando los datos entre números de abortos, mujeres que tomaron la decisión solas y si estos son o no los primeros que practican —pistas que nos hablan alto y claro del carácter de la ley—, enseguida visualizaremos cierta recurrencia. Es, por tanto, responsable concluir que esta deba estar relacionada con la profunda y cáustica irresponsabilidad con que ambos, hombre y mujer, acometen sus relaciones sexuales de riesgo a sabiendas de que existe una alternativa drástica a un embarazo no deseado —pero tampoco evitado—, y que esta está, además, fuertemente amparada por el magma sociocultural (insistiré en la celebración en las calles de los *avances* en las leyes proabortistas como signo de demolición moral).

Sin embargo, volveremos a recordar pertinazmente que la mujer no necesita (literalmente) al hombre para tomar dicha decisión. Esto se desvía en los dos supuestos pendulares: uno, si el padre es desconocido entre un número determinado de compañeros sexuales más o menos esporádicos o, en cualquiera de los supuestos, decide desentenderse activamente, la mujer no tiene por qué sufrir más de lo necesario para, digamos, dar con él, buscarle o convencerle de enfrentar su responsabilidad.

De hecho, este es uno de los supuestos contemplados por ley en los que el aborto está despenalizado: cuando la mujer (la madre) puede acreditar una situación de estrés o tensión especial que vulnere su salud psíquica, ergo mental. Y el hecho de no conocer la identidad del posible padre o conocerla y que este haya expresado su negativa rotunda a corresponsabilizarse, efectivamente, podrían pasar por factores de estrés perfectamente alineados con esta excepción, aunque en este caso el Derecho ampare al niño en la búsqueda de su referente.

De la misma manera y he aquí el fraude, lo mismo sirve para el caso contrario. La excepcionalidad puede interpretarse en esta otra dirección, más retorcida: aunque el padre decidiera y comunicara querer enfrentar su responsabilidad, hacerse *cargo* del hijo, cuidarlo y arropar y acompañar a la mujer durante el proceso, esta puede liberarse amablemente de dicha *carga* sin que este tenga mucho más que decir. Y, como podemos sospechar, tampoco se le facilita una manera legítima de reivindicar ni reclamar los posibles daños causados, ni siquiera a nivel de salud psíquica o mental, que le pudiera acarrear esta decisión unilateral amparada por la comunidad racional, primero, y luego, por la legislativa.

Independientemente de lo que considere la comunidad moral, *el padre no pinta nada*.

Esto, claro, no solo allana la entrega a la kamikaze dejación de las funciones biológicas más elementales —la procreación— una vez pervertido a placer su método —el coito—. La banalización del aborto y su desmoralización también afectan a la sana sexualidad de los individuos en edad fértil, que mientras bracean en ese amorfo sensacionalismo afectivo tan propio de la época, desgastan sus años más proclives en la tiranía de la poligamia.

Todo esto, por último y como resultado directo de lo anterior, repercute en cómo los padres y, por tanto, las familias han de reunirse hoy y sobreponerse a una situación de estrés programado (la seguridad de la descendencia), a sabiendas de que en primer lugar tienen varias semanas para decidirse sobre si es viable o no relacionarse con el propósito y el compromiso de crear algo juntos, más allá de sí mismos —trascender—y, sobre todo, estando como están arropados por ese clamor cultural que desprestigia y desincentiva la institución familiar. Y al final, la idea base es el desplazamiento de los niños, *de la infancia,* como prioridad a día de hoy en lo que se refiere a la continuidad de una especie que quizá se está tomando demasiado en serio el *carpe diem*.

8.2. Nosotras parimos, nosotras decidimos

Dije que regresaríamos a este punto y aquí estamos.

Quizá el lema más inequívoco respecto de la desnaturalización paternofilial sea justo el más escuchado alrededor de las manifestaciones proabortistas: «Nosotras parimos, nosotras decidimos». En su raíz, es impecable: como hemos comentado ya, está claro que entre hombres y mujeres la responsabilidad para con la descendencia desde el punto de vista biológico —zoológico— es incuestionable. De hecho, y como anécdota, sirva mencionar que también es el lema de las defensoras de la gestación subrogada, algo que curiosamente irrita de manera terrible a las feministas más acérrimas.

Lo espinoso viene tras la coma, algo no muy sorprendente considerando la trampa argumentativa que tienden a menudo las yuxtapuestas: que el hecho de ser quien dé a luz te otorgue mágicamente el *derecho* a decidir sobre si hacerlo o no, sean cuales sean las condiciones y aniquilando así el juicio y valor de la otra parte corresponsable —el padre— denota cierta inclinación a la barbarie que, de algún modo, entra en cierta contradicción con el propósito de conciliación, entendimiento y sana convivencia que históricamente se arroga el progresismo en sus declaraciones ideológicas.

Ya nos ha quedado claro que es la mujer la que da a luz, aunque esto, de forma un tanto llamativa, también se ha intentado poner en tela de juicio en los últimos años desde la imposición material y un tanto alucinógena de la doctrina *woke,* tan limítrofe con la autoparodia. De hecho, el neolenguaje y la consideración de que ahora los hombres también pueden quedarse embarazados y dar a luz —hasta nos hemos dado un eufemismo catastrófico para el que no da a luz, el «progenitor no gestante»— se disputan lo esencial con este lema clásico de las proabortistas.

En resumen, si haciendo un esfuerzo hercúleo contra todo lo que aprendimos en los años de educación más básica, nos hacen comulgar finalmente con que los hombres también podemos dar a luz, quizá haya llegado el momento de reivindicar sin ambages que también podemos empezar a decidir sobre el aborto, incluido el ajeno. Si mujeres que no han sido madres pueden, ¿por qué no iban a poder los hombres, ahora que sí pueden serlo? Lo contrario implicaría reconocer a pecho descubierto que todo fue un truco para abrirnos esa trampilla del caballo de Troya e incitarnos a dinamitar el sistema desde dentro, nunca mejor dicho, asumiéndonos como gestantes y significándonos en consecuencia como antiabortistas en la misión de equilibrar una balanza que, a estas alturas de siglo XXI, parece completamente desvencijada de un solo lado.

Esto no pasaría más que por otra evasiva laberíntica de las que hoy día contaminan el debate público, de no ser porque vuelve a poner de relieve la caza y lucha de las proabortistas contra un modelo y un tipo muy definido de familia y padre: el hombre heterosexual *no gestante* que, además, ni siquiera tiene que significarse acerca de si asume o no la responsabilidad autoimpuesta y semiartificial de cuidador y dique moral que la figura tradicional del padre-institución, en su forma clásica, entendimos como primer desafío.

Sin apenas darnos cuenta, hemos concedido, en la era en la que todo es politizable, un punto de partida a la biología que el feminismo suele negar taxativamente, y es que las fundamentales distinciones entre hombres y mujeres —o entre hembras y machos— pueden servir también para significarse en lo que supone la destrucción de los roles y modelos más elementales de familia. No hay caso en el que se perciba más claro que en el de las proabortistas, que a partir del lema «nosotras parimos, nosotras decidimos» están instrumentalizando la evidencia biológica para reconocer explícitamente que el hombre corresponsable es una imposición patriarcal. Luego, irónicamente, a la hora de exigir las responsabilidades periféricas, también se pueden valer de ese constructo para acceder a los auxilios particulares que consideren justos o necesarios —el pago de una pensión compensatoria o alimenticia, por ejemplo— vía legislativa y valiéndose, claro, de esas moderneces tan repudiadas en el ordenamiento de la creativa narrativa androfóbica, esto es, la que repudia lo innegablemente masculino.

Así, es radicalmente paradójico que el hombre que reniega de su paternidad pueda ser enteramente invisible mientras la madre así lo considere, en cuyo caso pueda reclamarle hacerse cargo de alguna forma del hijo que ella decida tener… y que igualmente pueda invisibilizar al padre que decide ejercer como tal, si elige abortar. En ambos casos, es la madre la que decide, por este orden, sobre su hijo, el padre de su hijo, y ya de paso, su propio cuerpo. Porque, y este es otro de esos debates abiertos que no se enfrentan con la suficiente claridad, no existen demasiados registros fiables acerca de los abortos que se practican en la clandestinidad. Aunque llegados a este punto, no parece que siquiera el conocimiento detallado sobre las consecuencias físicas y psicológicas, largamente estudiadas e informadas, que en el cuerpo femenino puede provocar el aborto —no digamos ya la sucesión de varios de ellos— sea un contraargumento demasiado significativo que pueda disuadir a la mujer del violento —primero, para consigo misma— acto de acabar con un embarazo.

De que el posmodernismo celebre bailando a ritmo de batucada la destrucción de la familia y poder eliminar con un leve chasquido de dedos la figura del padre responsable es, sin duda, uno de los hitos que en décadas venideras se estudiará en un irrevocable ambiente de nostalgia y horror, cuando ya no queden hombres dispuestos a arriesgarse y todo lo que haya alrededor para elegir formar una familia sean machos alfa instruidos en la imposición, la agresividad y la lujuriosa seducción hedonista e irresponsable.

Capítulo 9
EL PADRE Y LA LEY: LOS HIJOS COMO ARMA

Desde 2004, en España es posible *encerrar* preventivamente a tu pareja, expareja o varón —siempre heterosexual— con quien mantengas o hayas mantenido una relación sentimental por, sencillamente, llevarte la contraria en una discusión. Esto, que suena a ucronía macabra, es una realidad gracias a la validación de la Ley Orgánica 1/2004 de 28 de diciembre, cuyo nombre completo sigue «de medidas de protección integral contra la Violencia de Género» y que más de dos décadas después ya conocemos sencillamente como ley VioGen o, por sus siglas, LVG.

Ni siquiera vamos a detenernos en la sintaxis, aunque nos llevaría una tarde discutir cómo de *integral* se preveía esa protección cuando, 20 años después, siguen muriendo las mismas —si no más— mujeres a manos de hombres en ese supuesto doméstico, por no hablar del ya sobradamente amorfo, aunque provechoso, cuestionamiento del asunto del género, por suerte puesto hoy en duda principalmente por sus propios patrocinadores ideológicos.

Como ha resultado que esta ley VioGen se ha declarado absolutamente inútil para proteger a las mujeres verdaderamente maltratadas por sus compañeros sentimentales pasados o presentes, hay que resolver en qué medida cabe su imposición y seguimiento en un sistema que, como hemos visto, lleva años criminalizando al hombre por serlo y, lo que es peor, minusvalorando a la mujer también por el hecho de nacer mujer. Este es el ejemplo palmario que anticipaba en capítulos anteriores cuando hablaba del ejercicio paternalista del Estado como garante de esa seguridad que persigue el pueblo. No en vano, y desde su aprobación, se hablaba sobre todo de la LVG en términos de «disuasión» del hombre para no sobrepasarse en la relación, declarada desequilibrada, entre las fuerzas masculina y femenina en un marco de antagonismo doméstico.

Con todos los asteriscos y adversativas que queramos, y que de hecho llevamos debatiendo dos décadas, también habría que llegar al término de constituir de una vez —han tenido tiempo de sobra— qué razón hay en estos casos de la cacareada presunción de inocencia —un valor democrático imprescindible que vuela por los aires en cada detención *alegal* de un hombre denunciado—, y no digamos ya de su perversa aplicación instrumental en los procesos ahora categorizados como *de familia*. Emparentados con los negociados económicos resultantes de un divorcio o separación, convocan la cuestión aquí mollar: ¿qué hacemos con los niños?

Hemos puesto picas en lo horrible (aborto libre, emasculación social, desprecio y hostigamiento al padre responsable, negación del rol o sobreescritura a la fuerza de la biología, la ciencia y la moral), pero ha llegado el turno, por fin, de detenernos en lo terrible: que sea el propio ordenamiento jurídico de un país autodeclarado democrático el que facilite la destrucción del hombre (del padre) sin que el espacio de reivindicación de su reforma sea lo suficientemente ancho por el momento. De hecho, estamos ante uno de esos nudos gordianos en los que la gran política se enfrasca apelando a la tensión violenta de oposiciones. Pero, de nuevo, las cifras son implacables: y en consecuencia, de nuevo, preferiríamos no tener que utilizarlas para no agotar con galimatías numéricos a quienes solo quieren entender el mundo por su legítima realidad.

En este sentido, no hay nada como plantear la misma cuestión que plantean los numerosísimos padres vapuleados por esta Ley: mañana podría tocarte a ti. O peor: a tu hijo, tu hermano, un amigo cercano o incluso a tu propia pareja actual, si por lo que fuere a alguna novia del pasado se le cruzara un cable a destiempo.

Aunque hay innumerables lugares desde los que abordar la execrable causa de la instrumentalización de esta Ley, empecemos por lo esencial: que primeramente desprotege a las verdaderas mujeres víctimas —cuya sociología está sobradamente estudiada y constituye el primer punto de apoyo de ese impulso reformista que exigimos, pues la mujer verdaderamente maltratada no suele denunciar porque no se reconoce ni declara como tal—. No hace tanto supimos de una sentencia pionera en España que retiraba el *carnet de maltratada* a una mujer que nunca había podido demostrar haberlo sido, pero que llevaba dos años beneficiándose de las numerosas ayudas públicas que esta Ley facilita, mientras encadenaba acusaciones a su expareja de las que este salía siempre absuelto. Si ya es de por sí suficientemente descorazonador que pueda existir tal cosa como un *carnet de maltratada,* no es peor saber que para lograrlo basta con un informe favorable de los servicios acreditativos, muchas veces integrados por profesionales de trayectoria y especialización opaca o desconocida, que administran libremente esa autoridad artificial.

Por supuesto, y este es el otro lugar que nos ocupa aquí, el abandono de las verdaderas víctimas a través de lo que Guadalupe Sánchez abordó en su obra *Populismo punitivo* es un artificio, con sobrenombre de delito de autor, librepensado para destruir completamente la otredad del conflicto: al hombre. Ya hemos relacionado divorcio y suicidio a través del entendimiento sociológico de ambos fenómenos; pero todavía es pronto para discernir en qué medida los padres están acusando que la estadística revele que cerca de 8 de cada 10 denuncias por presuntos malos tratos queden en absolutamente *nada,* aunque a nivel procesal permitan acuerdos como el disfrute de una guardia y custodia de los hijos menores a cargo —a veces, bebés: incluso, y con insolente frecuencia, neonatos—. De nuevo, como ocurría en el debate sobre el aborto libre, hay que cuestionarse qué garantías humanas nos procuramos hoy en día a la hora de reconocer al padre más allá de su usufructo.

Este defraudante juego de recovecos garantistas puede dilatarse años en el tiempo, mientras los juzgados despachan causas abiertas que los letrados incorporados a los lobbies ideológicos aconsejan solapar para extenuar la batalla masculina. Por eso, en los últimos años, a la recesión demográfica y la batalla intersexual sobre familia y carrera, hay que aplicar la en absoluto menor conciencia social sobre esa temible sombra de la denuncia falsa por presuntos malos tratos o, como suelen rectificar sus beneficiarias, las denuncias por malos tratos no probados. Nos hemos acostumbrado a escuchar *boutades* como que no poder probar los malos tratos denunciados es un daño colateral de la lucha contra la violencia intrafamiliar, como si esta no generara víctimas entre padres e hijos que sufren directa e indirectamente esta carrera por la persecución y la obsesiva muerte civil.

En ningún otro país de la zona con el que osaríamos compararnos para medir nuestra civilización existe algo judicialmente homologable a lo que en España se conserva como *violencia de género.* En todo caso, en países vecinos la batalla es contra la violencia familiar, esto es, en el hogar; pero como hemos visto, este país ha pasado mucho tiempo entretenido en discutir el sexo de los ángeles mientras pasaban ante sus ojos algunos de los desafíos más exigentes de los últimos tiempos. Y hay más: por no desviar la atención de la publicitada guerra de sexos, que tan poco proclive parece a debatir el futuro inmediato de los pueblos, también hemos perdido de vista las consecuencias de dejar a los niños sin padres. O peor aún: de advertirles que un padre es una comparsa o, también esto ha ocurrido, educar a los jóvenes varones en consignas tan problemáticas como que su sexo al nacer orienta su potencial criminológico.

Que esa barbaridad de que los hombres somos potenciales violadores se haya colado y echado raíces durante años en las casas del país, sin filtro alguno, a través de políticos de alta gama y prescriptores satélite, ha generado en la mujer cierta neurosis colectiva de la que además se ha responsabilizado al padre. No solo la manera en que se legisla, sino también la forma en que se pervierte el debate acerca de los aspectos a reformar de esta LVG, y el atasco que ha generado en los juzgados, obstruyendo los procesos verdaderamente urgentes contra las auténticas víctimas —esto incluye a los hijos— ha sido denunciado en otras publicaciones como la didáctica *Destripando el derecho*, del magistrado Fernando Portillo, que en redes sociales era conocido bajo el pseudónimo de *Judge the Zipper*.

Aunque se procura cierta distancia formal con los juicios de valor, Portillo aborda en este manual de Derecho para neófitos cómo de aconstitucional parece, como se ha denunciado en numerosas ocasiones, que al hombre se le pueda perseguir, encerrar preventivamente y arruinar en este país únicamente por el mero hecho de serlo. Dedica un capítulo entero, titulado *Presunción de inocencia y Violencia de Género*, a templar las habituales exageraciones entre extremos. No obstante, su aproximación es puramente teórica. Por supuesto que, como advierte, ninguna ley elimina la presunción de inocencia de los hombres: solo faltaba. Es de su acogida social y su trascendencia de lo que hablamos, y de cómo sujetos perversos son capaces de retorcerla e instrumentalizarla para adquirir ventaja en ciertos procesos, valiéndose de las numerosas —y de nuevo, no siempre eficaces— medidas de prevención.

Aunque esto signifique entrar levemente en la cuestión estadística que prefería evitar, el recuerdo de que entre el 75 y el 80% de las denuncias por presuntos malos tratos queden sobreseídas ni siquiera contempla el porcentaje de aquellas que acaban en condena por conformidad, en los que se aconseja al hombre no litigar porque pertenezca, por ejemplo, a un colectivo vulnerable o sea incapaz de probar su inocencia. Es decir, que ese porcentaje podría ser aún mayor si tenemos en cuenta que no todo el mundo tiene a mano la información idónea para evitar una falsa denuncia por malos tratos —o una instrumental, que viene a ser lo mismo—, ni una grabadora con la que defenderse en un juicio rápido contra la persona que se puede haber decidido a aplastarle en los juzgados por una discusión mal llevada.

Sea como fuere, estamos ante uno de los capítulos en activo más perversos y tristes de la lucha que la posmodernidad libra contra el padre. Y estos deben saberlo.

9.1. Consejos contra la viogenización

Tal es el calado social de la LVG, su instrumentalización y todo lo que implica, que muchos de los afectados en balde por su nefasta aplicación —hablamos de miles de hombres cada año en España— que han podido o sabido compartir sus experiencias ya pueden, en mayor o menor medida, aconsejar sobre cómo evitar eso que en el argot se conoce como *viogenización:* es decir, resultar víctima de un uso espurio, ergo fraudulento, de dicha ley.

Vaya por delante que la *viogenización* es un tren de alta velocidad que te arrolla de una vez pero cuya llegada suele venir anunciada en carteles no siempre luminosos que hay que saber mirar. De ahí que la presencia del neologismo en el debate abierto sea cada vez más importante: primero, para evitar en la medida de lo posible que el hombre afectado se pierda en ese magma judicial que, sobre todo, busca su ruina y descompensación. Pero también, y de nuevo, para preservar la seguridad de las auténticas víctimas: mujeres y menores que sí requieren que todos los esfuerzos del sistema respondan a tiempo sin verse contaminados, a nivel procesal, por al aluvión de trampas en las que asociaciones, *lobbies* y activistas llaman a participar a las mujeres que dudan.

La *viogenización*, repito, no es consecuencia únicamente de una mera denuncia, sino especialmente de sus derivadas, especialmente las económicas y sociales, que le enfrentan a un ambiente hostil en un momento de la Historia muy delicado, ya lo hemos tratado sobradamente, respecto de la relación entre hombres y mujeres. Aquí, el hombre debe entrenar sobre todo el escepticismo. Esto es más sencillo cuando se conoce mejor a la pareja o expareja: en el momento en que esta cambia, en un contexto de disputa o conflicto, de lenguaje o hábitos relacionados —como dejar el teléfono móvil bocabajo cerca del interlocutor o esconderlo para evitar que pueda localizarse como módulo de grabación de las disputas—, hay que empezar a pensar en protegerse. Y el abanico se reduce a dos posturas clásicas: apartarse del camino o entrar al juego, intuyendo todo lo que hay en marcha, cuidando cada paso y procurándose una prudencia ulterior. Por supuesto, en este punto es vital asesorarse lo mejor posible.

Estos patrones de comportamiento ya convocan cierta perspicacia en el hombre a *viogenizar*. Y aunque es horroroso vivir con miedo, el proceso no suele dilatarse más allá de unos días, semanas como máximo, antes del primer movimiento en falso. Varias víctimas aconsejan compartir estos miedos con el entorno, incluso dejar constancia por escrito. Por supuesto, y valga la obviedad, cada cual debe domar su conciencia en función de aquello que tema, pero sin perder de vista que la aplicación de esta ley, como abordaremos en el apartado de las detenciones y las horas gratis en los calabozos de todo el país, es particularísima y hasta suele ser repudiada en el fuero interno de los propios cuerpos y fuerzas de seguridad del Estado, a sabiendas de su complejidad y problemática legal.

Hacer autocrítica, saber anticiparse a la denuncia, evitar enfrentamientos o discusiones sin testigos —huir si una conversación en este contexto empieza a escalar de forma sospechosa— y, por supuesto, tener siempre a mano un dispositivo de grabación de audio (aunque los especialistas recomiendan vídeo) suelen bastar para salir indemne, al menos, de las primeras fases del proceso. Igualmente, por mucho cuidado que ponga, es probable que el hombre acabe viéndose arrastrado si a su contrario se le explica sin adversativas que es «lo mejor y lo más rápido» para quitárselo de encima.

Todas estas expresiones que parece que tiro al tablero por azar son llamadas a la acción reales que han compartido hombres *viogenizados* que se han visto lanzados a la calle, desprovistos de sus trabajos o abocados al dispendio económico en procesos, escritos, apelaciones y consultas que, en el caso de las denunciantes, están generosamente sufragadas por el Estado. Y esto, como mal menor: porque los hay que llevan años sin ver a sus hijos o que solo pueden abrazarles una vez al mes y rodeados de vigilantes y demás gente gris. A muchos de ellos ni les reconocen, porque también son frecuentes los casos en los que se torpedean las citas que los juzgados requieren a las partes para que exista un mínimo contacto entre padres e hijos aun en los inhumanos puntos de encuentro, círculos infernales en los que concurren muchos inocentes apaleados a quienes se trata, dentro y fuera del sistema, como reos de sí mismos, consumiéndose en pequeños campos de concentración sociocultural.

Es verdad que ninguna ley conculca la presunción de inocencia. Pero ver a tu hijo una o dos veces al año con suerte porque no llegaste a tiempo a grabar la conversación que te habría absuelto de una acusación en falso no parece una experiencia demasiado agradable para un declarado inocente.

Si ni la prevención ni las grabaciones libran del calabozo y, por supuesto, del juicio rápido —siempre entre las 24 y 48 horas inmediatamente posteriores a la detención—, el consejo posterior que avisará cualquiera familiarizado con esta crueldad es *no perder la cabeza*. Perfil bajo, cero enfrentamientos, frialdad y toda la cordialidad posible ayudarán no solo a que el entorno y sus engranajes rebajen *algo* la presión social, sino que también comportará al sujeto *viogenizado* importantes experiencias de terapia e introspección.

En este sentido cabe recordar que, aunque lentamente, ya avanza en la conciencia colectiva esta indecencia de la instrumentalización de la LVG que hace años era un tabú mencionar pero que hoy, a la vista ya de las puras estadísticas y del escarmiento en carne propia o ajena, empieza a decantarse de los procesos en los que la teatralización indica cierta propensión a la falta de verosimilitud.

Y por supuesto, una vez metidos en esa harina, con los pies enfangados, la cabeza embotada y los niños preguntando dónde está papá con vecinos, amigos, ministros, periodistas y demás morralla, la salida ya solo apunta al camino más largo y desnivelado: la supervivencia. Hay que mantenerse a flote por uno mismo, primero: pero también por los hijos, el que los tenga. Serán la siguiente arma que se utilice, de una u otra forma, si los primeros pasos no resultan.

En su libro *Algunos hombres buenos*, el periodista Quico Alsedo relata varios de estos casos, de los que se extraen experiencias cuyas motivaciones suelen guardar algunos aspectos en común. Muchos de estos hombres *viogenizados* cometieron el error de querer ser padres y actuar como tales, es decir, de responsabilizarse. Otros pagaron su indiferencia, o su insensibilidad, con un aluvión de denuncias de corte revanchista. No hay un perfil único de hombre *viogenizado* como tampoco lo hay de una falsa denunciante, aunque el propio Alsedo, durante la ronda de promoción del libro, compartiera algunas aproximaciones en entrevistas y artículos. El falso denunciado parece, si lo pintamos con brocha gorda, un *pobrehombre* quevedesco, de convicciones no herméticas, particularmente culturizado y capaz, pero también crédulo y sensible. La falsa denunciante, como también compartía Alsedo, suele ser igualmente una mujer inteligente, vívida, «extremadamente controladora y posesiva respecto a sus hijos», a quien, sin embargo, no le temblará el pulso para utilizarlos en su cruzada por la victimización, que identifica como una batalla mucho más importante que la que atañe al —y me valgo de la expresión jurídica exacta— bien superior del menor.

Por eso, también es importante mantener la mirada afilada después de los juicios, las absoluciones y los acuerdos. Ese estado de vigilancia ya semiinconsciente es por sí mismo una secuela lo suficientemente grave como para pretender ampararla. Pero, efectivamente, no son pocas las voces que alertan del recrudecimiento de las trampas que siguen a estos enfrentamientos que los juzgados resuelven en tablas o, en el peor de los casos, a favor del hombre. Y digo en el peor, porque es frecuente también que el hombre viva con miedo a ganar los juicios, a sabiendas de que, dado que no les comporta ningún tipo de gasto económico, energético ni social —los *lobbistas* están encantados de ejercer ese papel—, ni siquiera las falsas víctimas son muchas veces conscientes del camino que están tomando contra el hombre, sus hijos y las verdaderas víctimas.

Y ahí es donde entra la temida violencia vicaria, otro campo de batalla infernal que ha vuelto como un resorte en forma de pesadísimo búmeran, en el que las activistas tan cómodamente se implican denunciando el maltrato psicológico del padre a los niños a través del menoscabo de las capacidades de la madre. Como vimos antes, los organismos acreditativos de los carnets de maltratada apelan al extremo opuesto, sugiriendo la persecución de los padres y apostando abiertamente por su desplazamiento de la rutina y hábitos de los menores. Si bien la violencia vicaria —en su forma patologizada: síndrome de alienación parental, recurso que la ciencia niega especialmente desde que se mediatizaran algunos casos en los que las madres tenían a sus hijos secuestrados y en condiciones grotescas— es una generalidad tan antigua como el mundo, no está tan claro todavía que su recurso ideológico vaya a crear ningún tipo de ventaja real para el alud de androfobia cuyo avance permanece inalterable.

Y por último: el hombre *viogenizado* es, ante todo, un adulto —y por tanto, un padre— potencialmente desgarrado. Lo ideal sería sobreponerse enseguida y aprender a distinguir rápido las señales nombradas, pero la querencia a la socialización y el impulso de rehacer la vida propia para esforzarse en demostrar autenticidad y hermetismo lanzan hombres ya vulnerables a la conquista de espacios que han dejado de pertenecerles, como el de la paternidad responsable. Aquí es donde cobra vital importancia la reeducación en los afectos salubres, porque, como podemos suponer, los niños están destinados a sobrevivirnos y aplicar en un mundo que ya no pisaremos todo lo que seamos capaces de trasladarles en esta vida.

9.2. Ya sabes cómo funciona esto, ¿no?

El día 9 de noviembre de 2021, alrededor de las once de la noche, la policía atendió una llamada de un hombre mayor notablemente alterado que denunciaba un episodio de insoportable violencia en el domicilio familiar donde convivía desde hacía unos días con su hija, la pareja de esta y la niña en común de ambos, de solo tres años de edad. El hombre noveló que su yerno había ocupado ilegalmente la casa y se negaba a abandonar el cuarto de la niña, mostrando además una actitud hostil y violenta que al otro lado del teléfono activó inmediatamente los protocolos de actuación por posibles malos tratos en el ámbito familiar.

A su llegada al domicilio, lo que encontraron los agentes de policía fue a un varón joven en pijama, tratando de dormir en la cama de la habitación de matrimonio, mientras el resto de los convivientes —incluida la niña pequeña— rumiaban un estado de tensión creciente a su alrededor. Dos de los agentes tomaron declaración a la mujer en la otra punta de la casa mientras el resto custodiaba, en mansa y educada conversación, a la malvada bestia que, según el suegro, les estaba haciendo la vida imposible. La charla duró aproximadamente media hora: en ese tiempo, en el que autoridad y bestia iracunda departieron con aplomo y sin levantar la voz, quedó sobradamente claro de qué iba todo aquello.

Uno de los agentes advirtió al hombre: «Ya sabes cómo funciona esto, ¿no?». Intentaba preparar al acusado, que por suerte había podido grabar —previo asesoramiento legal— toda la escena previa a la llamada, advertido de que en cuanto su pareja mencionara las palabras mágicas, sería trasladado a comisaría para pasar la noche en el calabozo de turno. Y eso fue exactamente lo que pasó. Los agentes dejaron vestirse al joven, sugiriéndole de paso que se abrigara. «¿Has estado alguna vez detenido?». No, desde luego que no. Sentir el frío de los grilletes en las muñecas y desfilar esposado delante de su hija llorosa lo disfrazó en ese momento de lo que no era.

La primera noche privado de libertad fue una pesadilla, claro. La madre de su hija esperó a que pasara el turno de juzgados del día siguiente para interponer la denuncia, logrando para su salvaje maltratador otras veinticuatro horas encerrado de forma preventiva sin absolutamente ningún indicio más que su declaración. El hombre inocente pasó un total de 44 horas entre tres calabozos hasta que por fin tuvo lugar el juicio, del que lógicamente salió absuelto. Fue clave la grabación del encontronazo nocturno, en el que las autoridades judiciales pudieron comprobar cómo, en realidad, habían sido los denunciantes quienes habían protagonizado un lamentable episodio de acoso y hostigamiento contra el joven, a quien, entre otras cosas, le encendieron y apagaron la luz de la habitación para dificultarle el descanso, además de gritarle, cantarle, darle palmas e incluso subirse a su cama a saltar mientras intentaba conciliar el sueño. Incluso el suegro llegó a ser condenado en firme, en otro proceso paralelo, por vejaciones injustas al joven, siempre con su nieta de testigo, profiriendo contra él una sarta de insultos a cual más imaginativo.

La denuncia por presuntos malos tratos se resolvió *ipso facto* y la falsa maltratada nunca pagó un solo céntimo del daño irreparable que pudo haber infringido no solo a su expareja, sino también a la hija en común, testigo —con solo tres años— de cómo la policía se llevaba a su padre minutos después de que este se fuera a la habitación a intentar dormir.

El vía crucis duró un total de tres años, durante los cuales la falsa maltratada buscó apoyos en todo tipo de actores secundarios que, alentados por la presión social, le ayudaron a tejer una red de hostigamiento contra el todavía acusado, al que volvería a interponer una segunda denuncia falsa apenas unos meses después. Por supuesto, durante todo este proceso, la mujer no reparó en artimañas: falsas acusaciones, preconstitución de pruebas para intentar incriminarle, dilación en todas las réplicas y apelaciones de cada absolución para viciar el juicio de medidas paternofiliales... toda una vorágine brillantemente coreografiada de la que, solo con el tiempo, algunos de estos actores secundarios empezaron a desligarse.

También era demasiado tarde para ella: había caído para siempre en la trampa de la victimización.

El hombre logró rehacer su vida por separado y, por suerte, disfrutó de su hija en una suerte de custodia compartida hasta que, llegado el momento, la parte beligerante pareció aburrirse —o sospechó que le caería encima el prolijo peso de la Ley tras tres años contribuyendo a colapsar los juzgados de violencia de género con acusaciones a cual más absurda—. En notable silencio y regularmente representada por una abogada televisiva de acerado perfilado pendenciero, accedió a firmar un convenio regulador que, básicamente, recogía todas las peticiones que su expareja, el padre de su hija, había tratado de flexibilizar durante el tedioso recorrido que la ley VioGen le había impuesto, suponiéndole un monstruo.

La segunda noche que pasó en el calabozo, el hombre compartió celda con otros tres denunciados por presuntos malos tratos que también salieron declarados inocentes de sus respectivos juicios.

Sí, ya sabemos cómo funciona esto. Y la policía y los jueces, también.

Pocas experiencias en la vida pueden compararse a ser detenido sin razón objetiva. Respecto de las detenciones sistematizadas por presuntos delitos de malos tratos, tanto el Código Penal español como la LECrim (Ley de Enjuiciamiento Criminal) dejan poco lugar a dudas. En el artículo 493 pone de manifiesto que la autoridad policial no tiene apenas margen de maniobra a la hora de ejercer estas detenciones, pues se fundamenta su obligación actoral respecto de los individuos que han cometido delito, lo están cometiendo o lo van a cometer. Esto es, por razones objetivas.

No parece que fuera el caso de nuestro desgraciado padre en pijama tratando de dormir en su propia cama mientras su suegro movilizaba a la policía con una llamada falsa para facilitar a su hija una denuncia también falsa. Sin embargo, fue trasladado a comisaría en un espacio de apenas treinta minutos y pasó 44 horas encerrado como preámbulo a tres años de pesadillas —y miles de euros invertidos en defenderse.

La policía, en el caso de las denuncias por presuntos malos tratos, activa un protocolo inexacto que ni siquiera sus portavoces logran descifrar. Los agentes, obligados a ejercer estas detenciones preventivas, tampoco se suelen encontrar especialmente cómodos en el rol de explicar por qué una declaración en caliente y sin pruebas basta para cercenar la libertad de alguien que, desde luego, ni ha cometido ni está cometiendo ni parece que vaya a cometer delito alguno —pero al que la vida podría darle un vuelco rumbo al infierno desde ese mismo momento—. Apelan a la interpretación de los agentes como motivación suficiente para realizar la detención, pero se dejan por explicar que esta interpretación viene orientada por la VPR (Valoración Policial de Riesgo), un cuestionario tan fácil de manipular como cualquiera en el que la víctima relata lo que le plazca en un momento en el que se sabe impune a la estafa procesal.

Ya hay en este país precedentes en los que el Tribunal Supremo se ha manifestado contra esa valoración subjetiva de la Policía a la hora de detener a presuntos agresores en pijama que solo trataban de dormir en su cama. «Las valoraciones subjetivas sobre el respaldo probatorio de los hechos denunciados en un atestado, sobre la credibilidad del denunciante o acerca de sus contradicciones no son sino reflexiones extravagantes perfectamente prescindibles».

Y por eso, numerosas fuentes judiciales no eluden la cuestión de que, especialmente en materia de violencia de género, estas detenciones preventivas son un automatismo de legalidad cuestionable. Ni siquiera invocar el archiconocido *habeas corpus* —la solicitud de un sujeto que se percibe abusado por el poder ante una detención potencialmente ilegal— opera en estos casos como en los demás. Nuevamente lo explica Fernando Portillo en su ensayo: si un detenido por presuntos malos tratos solicita el *habeas corpus*, el juez de guardia únicamente dictaminará si es legal de acuerdo a los indicios que traslade el atestado, que, como acabamos de ver, puede recoger impunemente cualquier fantasía.

En el caso de las numerosas detenciones de presuntos maltratadores cuyas causas son sobreseídas o archivadas

—recuerdo, técnicamente ocho de cada diez— pesa más la prudencia: mantener a un inocente privado de libertad sin indicio alguno durante dos o tres días constituye, parece, un mal menor en la tozuda y necesaria lucha por la *pandémica* violencia contra las mujeres. Aunque estas sigan muriendo asesinadas en cifras similares año tras año desde 2004 y en un porcentaje nada desdeñable (ocho de cada diez...), ninguna de ellas habría tomado medidas previas contra sus agresores.

CONCLUSIÓN FINAL
UNA TREGUA

Que Occidente libra una guerra sin cuartel contra sí mismo a través de la negación del padre es algo que podremos probar en pocos años, pero cuyas evidencias ya recogemos sobradamente hoy. Como ha quedado patente en estas páginas, los enemigos del padre son numerosos y recorren un amplísimo espectro casuístico, que empieza por la modulación de la biología al aparato ideológico y llega hasta los mismos rincones de la judicialización del piropo —la seducción— o algunos de los impulsos más naturales del hombre —la contrariedad, el debate o la firme voluntad de corresponsabilizarse en el cuidado de los hijos.

El retroceso antinatural que el hombre ha protagonizado en las últimas décadas como faro y guía de los hijos ha reforzado el poder de las estructuras públicas, en las que todos los desvalidos han buscado un refugio artificial. El recurso de la tiranía democrática, progresista e idealizada se ha llevado por delante todo atisbo de tradición, tribalismo y ritualización de la familia. Por supuesto, la politización de la lucha contra el hombre también contribuye activamente y de manera aplastante a este nuevo e indeseable escenario de enemistad, al que concurren otras fuerzas diabólicas más relacionadas con el hedonismo, el culto a la soledad enmascarada de independencia o la liberación en forma de promiscuidad sexual, todas ellas motivadas por el hiperindividualismo que declara formalmente la guerra a esa figura, ya de por sí compleja, del padre consciente.

A lo largo de estas páginas ha quedado patente que la espiritualidad del padre es un activo de negocio a la baja. Su pervivencia como figura se ha degradado ya únicamente a lo material, y tanto en la cultura como en el arte percibimos al padre como un acompañante, un complemento a la mujer —a la madre— más que como una unidad de fuerza autónoma con sus particulares valores y razones sociales. La implicación del compromiso y la franqueza a la que se obligó el hombre adquiriendo estas habilidades en las sociedades modernas ha permitido su permeabilidad política y, por tanto, su modulación y consiguiente manipulación. Para significarse y reivindicarse como entidad presente, el hombre admitió participar en numerosas ocasiones en el juego de la artificialidad de las reglas de las nuevas civilizaciones, predispuestas técnicamente a los consensos pero vagamente involucradas en la rotunda realidad del ser humano.

En ausencia de este liderazgo, claro, se producen innumerables brechas de confusión y reproches aparejadas.

Los nuevos padres que han visto menoscabada su función si no era pasando a través del filtro de las manifestaciones que lo reducían han experimentado una especie de retroceso al primitivismo indiferente. Sin reglas colectivas exactas y prendiendo fuego a la ritualización de esa altura espiritual, estos hombres han relajado su presteza en la batalla y cedido innumerables espacios a las fuerzas de dominación que los ridiculizan, en ocasiones incluso participando activamente de ello.

Sin embargo, conviene obligarse también a un modesto ejercicio de búsqueda de sentido. Esos pequeños campos de concentración en los que hemos contado que muchos hombres quedan atrapados para siempre, dislocando su naturaleza y atención, están vigilados por némesis ímprobas, fantasmales. La politización de la lucha contra el padre poco o nada tiene que ver, al menos directamente, con el gobierno de su naturaleza: solo responde a ese aroma del tiempo que ordena los autoritarismos modernos, y que representan el primer bastión a neutralizar.

En este sentido, tan importante es identificar a los verdaderos enemigos como descartar a esos prefabricados con los que se nos distrae de la lucha. Y por descontado, ser capaces de verbalizar y arrojar valor a la reivindicación que toque para recuperar dichos terrenos, reclamando la furiosa —por vehemente— y viril masculinidad, pero sin renunciar a los acuerdos que deriven de la negociación que asume a la otredad, esto es, a la mujer —la madre— trabajadora, para quien conciliación familiar y liberación del neofeminismo ideológico también constituye un arduo campo de batalla. Pobre de quien se conforme con señalar a la mujer, o aquellos que la instrumentalizan, como motivo principal de su condena como padre: para llegar ahí, donde ellas sufren en primera instancia su reducción a *animal laborans*, se han recorrido antes otros caminos en los que la moral fluctuó entre ausencias y traiciones a los hijos, muchas veces los primeros en identificar esa falta y reaccionar violentamente contra ella.

Lo verdaderamente interesante sería negociar con el tiempo una tregua en la que los hombres sean capaces de rearmarse y buscar un lugar común donde reflexionar acerca de qué están perdiendo y por qué. En qué momento decidieron no litigar contra la instrumentalización de su identidad, por qué han aceptado a regañadientes que tienen que *deconstruirse* o mirar el mundo con gafas de otro color; qué ha sido del honor, la firmeza, la decisión férrea de situarse en el centro y hacerse cargo de resolver esas anomias que, en su ausencia, luego se reproducen por esporas, contaminando cada plano de la existencia social. Y sin perder de vista su razón primitiva, el sentido principal de su existencia, que es trascender y legar un mundo de hombres y mujeres preparados para implicarse en el ordenamiento justo de los estados, sin aflojar un solo músculo de eso que nos autoimponemos como civilización y que constituye el marcador de progreso más realista de todos.

Matar al hombre —para matar al padre— no parece el mejor plan para constituir un equilibrio funcional en el que los individuos puedan crecer y ejercer sus roles sin caer víctimas de la inflamación de los órganos vitales y su nauseabunda patologización. A cambio, no quedará otra que recurrir al verbatim que encabeza cada causa justa: *si vis pacem, para bellum*.

Y en eso estamos.

BIBLIOGRAFÍA: ECOSISTEMA TEMÁTICO

ALSEDO, Q., *Algunos hombres buenos*, Madrid, La Esfera de los Libros, 2023.

ARENDT, H., *La condición humana*, Barcelona, Austral, 2020.

BAUDRILLARD, J., *De la seducción*, Madrid, Cátedra, 2005.

BEAUVOIR de, S., *El segundo sexo*, Madrid, Cátedra, 2017.

BEIGBEDER, F., *El amor dura tres años*, Barcelona, Anagrama, 2015.

BONETE, F., *Cultura de la cancelación*, Madrid, Ciudadela, 2023.

BRAUNSTEIN, J-F., *La filosofía se ha vuelto loca*, Barcelona, Ariel, 2019.

CAMPI, R., *Non sono un mammo: sono un Papà!*, autopublicado, 2023.

CAMUS, A., *El mito de Sísifo*, Madrid, Alianza, 1981.

CAPPELLE, A., *Colapso feminista*, Barcelona, Lince, 2024.

COELHO, P., *Manual del guerrero de la luz*, Barcelona, Planeta, 1997.

COLLER, X., *Canon sociológico*, Madrid, Tecnos, 2003.

DURKHEIM, E., *El suicidio*, Madrid, Akal, 2008.

GARCÍA GUAL, C., *La secta del perro*, Madrid, Alianza, 1987.

GARCÍA-MÁIQUEZ, E., *Ejecutoria*, Madrid, CEU Ediciones, 2024.

GASCÓN, D., *El padre de tus hijos*, Barcelona, Penguin Random House, 2023.

GOLDIN, C., *Carrera y familia*, Madrid, Taurus, 2024.

FREUD, S., *Tótem y tabú*, Madrid, Alianza, 2011.

HAN, BYUNG-CHUL, *La agonía del Eros*, Barcelona, Herder, 2017.

HAN, BYUNG-CHUL, *Topología de la violencia*, Barcelona, Herder, 2016.

HEATH, J., y POTTER, A., *Rebelarse vende*, Madrid, Taurus, 2005.

HOBBES, T., *Del ciudadano y Leviatán*, Madrid, Tecnos, 1987.

HOUELLEBECQ, M., *Ampliación del campo de batalla*, Barcelona, Anagrama, 1999.

KAISER, A., *La Neo-Inquisición*, Barcelona, Deusto, 2020.

KLEIN, N., *No Logo*, Barcelona, Booket, 2011.

MAQUIAVELO, *El Príncipe*, Madrid, Biblioteca Nueva S.L., 2004.

MARINOFF, L., *Más Platón y menos Prozac*, Barcelona, Ediciones B, 2000.

MICHAUD, Y., *El nuevo lujo*, Barcelona, Taurus, 2015.

NOTHOMB, A., *Matar al padre*, Barcelona, Anagrama, 2013.

ORTEGA y GASSET, J., *Estudios sobre el amor*, Madrid, EDAF, 2005.

ORTEGA y GASSET, J., *La rebelión de las masas*, Barcelona, Austral, 1999.

PAGLIA, C., *Feminismo pasado y presente*, Madrid, Turner Publicaciones, 2018.

PECK, S., *El camino menos transitado*, Barcelona, Vergara, 2019.

PERCY, A., *Nietzsche para estresados*, Barcelona, Random House Mondadori, 2009.

PINKER, S., *La paradoja sexual*, Barcelona, Paidós, 2009.

PORTILLO, F., (aka *Judge the Zipper*), *Destripando el derecho*, Madrid, La Esfera de los libros, 2023.

RICHES, S., *The Philosophy of David Cronenberg*, Kentucky, UPK, 2012.

RITZER, G., *La McDonalización de la sociedad*, Barcelona, Ariel, 1999.

SÁNCHEZ, G., *Populismo punitivo*, Barcelona, Deusto, 2020.

SCHUMACHER, E., *Small is beautiful*, Londres, Abacus, 1974.

SERRES, M., *Le mal propre*, París, Éditions Le Pommier, 2008.

SWIFT, J., *El arte de la mentira política*, Madrid, Sequitur, 2006.

TAGORE, R., *El sentido de la vida*, Madrid, Aguilar, 1988.

VON KRAFFT-EBBING, R., *Psychopatia sexualis*, Barcelona, La Máscara, 2000.

WEBER, M., *Conceptos sociológicos fundamentales*, Madrid, Alianza, 2014.

ZOJA, L., *El gesto de Héctor*, Barcelona, Penguin Random House, 2018.

NOTA DE AGRADECIMIENTOS

El padre lidia con tantos enemigos que a menudo pierde de vista sus apoyos motivacionales, el fundamental de ellos infiltrado en su raigambre, pues antes de ser padre se es, se quiera o no, hijo. Si he logrado escribir esto, ha sido sin duda porque yo mismo he tenido un padre irrepetible, educado a su vez por otro que le supo transmitir el valor de la palabra y al que también tuve la fortuna de conocer. Lo mismo aplica al padre de mi madre, que se fue demasiado pronto, y a quien tanto cariño debemos.

A mi alrededor se han reproducido durante años hombres atentos, sensibles, marciales, imperfectos, transparentes, reactivos, regulares y vaciados en el respeto de su prole y su familia, el cuidado y la defensa de su hogar según sus normas y convicciones. En un mundo que en muchos sentidos se desenvuelve cretino y hostil para el padre, muchos tenemos la suerte de poder confiar nuestra naturaleza a otros semejantes que cada vez más van perdiendo el miedo a significarse firmes, únicos, irremplazables. Padres que quizá no sepan hacer una trenza pero que sujetan la mano de su mujer hasta su último aliento, que desprecian el deshonor, combaten la mentira y sofocan el destructivo fuego de la autocompasión; hombres que elevan a sus hijos sobre sus cabezas, luego les justifican sus desaires y todavía se afanan en dotarles de una férrea y desinteresada herencia moral.

Tengo mucha suerte de haber vivido en primera, segunda y tercera persona la formidable naturaleza autoimpuesta del padre. De la misma manera, no robo un ápice de fundamento en esta reivindicación a todas las madres que se hicieron respetar y luchan a brazo partido contra la ideologización de sus causas. He escrito esto también por ellas.

Por ir a lo concreto, troceo el agradecimiento entre mis editores y el generoso prologuista de este trabajo, por la confianza, y todas aquellas personas que, directa e indirectamente, recabaron dudas y certezas tan cáusticas y razonables. En concreto hay tres personas que me han ayudado más que nadie a poner la paternidad en el centro y consolidar la experiencia de esta elegía por el padre presente, y que se han repartido a partes iguales durante años mis pesadillas, temores y también algunas esperanzas. Seguro que se reconocen enseguida en estas líneas.

Pero absolutamente nada de esto habría valido un segundo de mi vida sin ti, Mérida.

Te quiero,
Papá